Konzentrationstraining

Uta Stücke

im 1. und 2. Schuljahr

Ein systematisches Förderprogramm

Verlag an der Ruhr

IMPRESSUM

Titel Konzentrationstraining im 1. und 2. Schuljahr

Autorin Uta Stücke, Lernschule „Lernen mit Pfiff & Kniff“
Dieselstraße 7, 33613 Bielefeld

Druck Druckerei Uwe Nolte, Iserlohn

Verlag Verlag an der Ruhr

Postfach 10 22 51, D-45422 Mülheim an der Ruhr

Alexanderstr. 54, D-45472 Mülheim an der Ruhr

Tel.: 0208 - 439 54 54, Fax: 0208 - 439 54 39

e-mail: info@verlagruhr.de

http://www.verlagruhr.de

ISBN 3-86072-442-8

Die Schreibweise der Texte folgt
der reformierten Rechtschreibung.

Gedruckt auf chlorfrei gebleichtem Papier.

INHALTSÜBERSICHT

KOMMT IHNEN DIESES KIND BEKANNT VOR?

Patrick hat Schwierigkeiten sich zu konzentrieren. Immer wieder denkt er daran, was er am Nachmittag alles unternehmen will. Deshalb bekommt er nicht viel mit von dem, was der Lehrer sagt. Patrick nimmt viele Dinge auch nicht genau wahr. Er überhört oder übersieht sie einfach: Einzelheiten einer Zeichnung etwa, dünn gedruckte Absätze eines Textes oder wichtige Erläuterungen. Und die Sachen, die er sich anguckt, schaut er sich nur so flüchtig und kurz an, dass er sie schon am nächsten Tag wieder vergessen hat. Wissenslücken sind die Folgen. Und häufig auch schlechte Zensuren.

Vielleicht denken Sie jetzt: Ja, das alles trifft auf meine Schüler auch zu! – Allerdings sollten Sie Folgendes bedenken: **JEDES** Kind ist ab und zu unkonzentriert. Vielleicht ist es einfach müde. Oder es hat einen schlechten Tag erwischt und fühlt sich nicht wohl.

Wenn ein Kind also nur ab und zu unkonzentriert ist, besteht kein Grund zur Sorge. Schließlich kann kein Mensch **IMMER** konzentriert sein.

Anders aber sieht es aus, wenn ein Kind sehr häufig Schwierigkeiten hat, sich längere Zeit zu konzentrieren – und wenn daraus Lern- und Schulprobleme entstehen. Denn ebenso schlimm wie die Schulprobleme an sich ist es, wenn ein Kind dann meint: „Ich kann das nicht! Ich schaffe das nicht!" Weil es keinen Erfolg hat, will es immer weniger lernen. Es traut sich selbst nichts mehr zu. Es hat keine Lust mehr zu lernen. Und dadurch wird es noch schlechter. – Das ist ein Teufelskreis.

Spätestens in diesem Moment sollten Sie überlegen, wie Sie die Konzentration fördern können. Denn „sich konzentrieren" heißt nichts anderes, als seine Aufmerksamkeit auf genau die Informationen zu richten, die man sich merken muss. Nur so hat Lernen Erfolg. Und nur so kann auch die Lernfreude und die Lernmotivation wieder erhöht werden.

Das in meinen Kursen zur Vermittlung von Konzentrationstechniken erprobte Trainingsprogramm will Hilfestellungen sowohl für Lehrer als auch für Eltern bieten. Es enthält zahlreiche Übungen, Spiele und Kopiervorlagen, die die Konzentration stärken. Selbstverständlich sind auch ausreichende Hinweise zum angemessenen Einsatz dieser Übungen enthalten.

■ WAS IST KONZENTRATION?

„Sich konzentrieren" heißt nichts anderes, als seine Aufmerksamkeit auf genau die Informationen zu richten, die man sich merken muss. Konzentration kann daher mit einem gebündelten Lichtstrahl verglichen werden, der nicht die gesamte Umgebung erhellt, sondern nur einen einzigen Ausschnitt. Dieser Ausschnitt ist aber so hell erleuchtet, dass er problemlos bis in alle Einzelheiten hinein wahrgenommen werden kann. Ich kann meine gesamte Aufmerksamkeit auf den Lernstoff lenken und mir diesen einprägen.

Demzufolge ist Konzentration das Gegenteil von Zerstreutheit. Zerstreutheit kann mit einem sehr breiten Lichtstrahl verglichen werden, der zwar eine sehr große Fläche erhellt – dafür aber keine Einzelheiten sichtbar macht, die dementsprechend auch nicht gelernt werden können.

Bereits aus diesen kurzen Ausführungen wird deutlich, dass die Fähigkeit sich konzentrieren zu können, die Voraussetzung für **JEDES** Lernen ist. Verwunderlich ist es deshalb nicht, dass viele Schüler, die Lernprobleme haben, im Grunde vor allem Schwierigkeiten haben, sich ausreichend zu konzentrieren.

Allerdings genügt es nicht, nur Konzentrationsprobleme festzustellen. Wichtig ist herauszufinden, welche Ursachen sie haben könnten. Aus diesem Grund habe ich im Folgenden einige der häufigsten Ursachen von Konzentrationsschwierigkeiten dargestellt – verbunden mit Tipps und Anregungen, wie Sie diese Ursachen nach und nach beseitigen können.

■ URSACHEN VON KONZENTRATIONSSCHWIERIGKEITEN

Besonders häufig liegen die Ursachen von Konzentrationsschwierigkeiten in einem der drei folgenden Faktoren begründet:

- **Ungünstige äußere Faktoren**
- **Physisch-psychische Faktoren**
- **Zu wenig Training und Übung**

■ Ungünstige äußere Faktoren

Ein Mensch (und dies gilt für Schüler und Erwachsene gleichermaßen) kann sich nur dann konzentrieren, wenn die äußeren Bedingungen dies auch zulassen: wenn er also beispielsweise ausreichend Schlaf bekommen hat, wenn er genügend Sauerstoff zur Verfügung hat sowie einen Arbeitsplatz ohne Ablenkung und ohne Lärm. Auch Reizüberflutung durch unkontrollierten Medienkonsum kann sich negativ auf die Konzentration auswirken.

Viele Kinder sind vor allem dann unkonzentriert, wenn sie müde und erschöpft sind. Deshalb ist ein optimaler Wechsel von Anspannung und Entspannung äußerst wichtig. Ein Mensch ist nur dann zur Konzentration fähig, wenn er genügend Möglichkeiten zur Entspannung bekommen hat. Daher müssen regelmäßig Pausen eingelegt werden. Ratsam ist es, nach spätestens 15 bis 20 Minuten konzentrierter Arbeit eine kurze Pause von 2 bis 5 Minuten einzuhalten. Als Regel gilt: Wann immer es möglich ist, sollte ein Kind eine kurze Pause einlegen, **BEVOR** es sich richtig müde und erschöpft fühlt.

Viele Konzentrationsschwierigkeiten können darauf zurückgeführt werden, dass das Kind zu lange an einem Stück arbeiten musste und dass die Pause „überfällig" ist. Viele wissenschaftliche Untersuchungen bestätigen dies: Menschen, die regelmäßig kurze Pausen einlegen, holen die durch die Pausen „verlorene" Zeit gegenüber denjenigen Menschen, die ohne Pausen lernen, rasch wieder ein. Sie lernen konzentrierter und intensiver. Mit anderen Worten: Kinder, die einen optimalen Wechsel von An- und Entspannung befolgen, lernen effektiver. Denn zehn Minuten konzentriertes Arbeiten ist häufig mehr wert, als 30 Minuten unkonzentriert am Schreibtisch zu sitzen.

Für manche Kinder kann es daher hilfreich sein, nur für eine begrenzte Zeit zu lernen, z.B. für zehn Minuten. Sagen Sie dem Kind, dass es diese zehn Minuten lang konzentriert arbeiten soll, dass es dann aber spielen darf.

Wenn Ihr Kind allerdings auch bei zehn Minuten Arbeitszeit Schwierigkeiten hat, konzentriert zu bleiben, verringern Sie die Zeit auf acht oder sieben Minuten. Es ist wichtig, dass Sie eine Zeitspanne finden, die Ihr Kind konzentriert bewältigen kann.

Ebenso wichtig ist es allerdings auch, dass Sie die Zeitspanne, mit der Sie diese Übung beginnen, nach und nach erhöhen.

Darüber hinaus ist es bei der Einteilung von Arbeits- und Pausenzeiten wichtig, den individuellen Tagesrhythmus zu beachten. Die folgende Kurve zeigt, wann ein Mensch im Laufe eines Tages besonders leistungsfähig ist und wann seine Leistungsfähigkeit stark nachlässt:

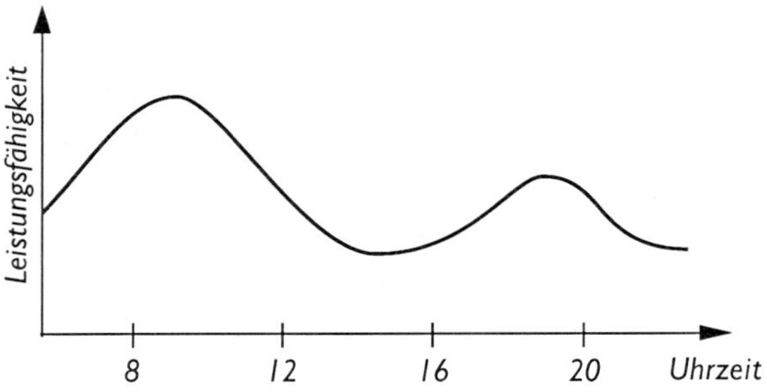

Generell ist es natürlich wichtig, dann zu lernen, wenn der Schüler leistungsfähig und aufnahmebereit ist. Aus diesem Grund sollten Kinder niemals direkt nach dem Mittagessen lernen, da der Körper dann mit der Verdauung der Nahrung beschäftigt ist. Müdigkeit ist die Folge.

Gemäß der Leistungskurve oben ist es am sinnvollsten, morgens oder am späten Nachmittag zu lernen. Allerdings muss deutlich gesagt werden, dass die oben aufgezeichnete Leistungskurve nur ein Richtmaß ist, das nicht für jeden Menschen und für jeden Schüler gleichermaßen zutrifft. Denn auch unter Schülern gibt es „Morgen- und Abendmenschen". Es gibt Schüler, die morgens hellwach sind und dann am besten arbeiten können. Es gibt aber auch Schüler, die morgens träge sind und gegen Abend erst richtig aktiv werden.

Deshalb muss jeder selbst herausfinden, wann er am besten lernen und arbeiten kann.

■ Physisch-psychische Faktoren

Niemand kann sich ausreichend konzentrieren, wenn er Probleme hat. Ein Streit mit einem guten Freund, Konflikte in der Familie oder Unwohlsein sind Ereignisse, die die Konzentrationsfähigkeit negativ beeinflussen. Darüber hinaus ist in diesem Zusammenhang auch die Einstellung zum Lernen und das Selbstbewusstsein des Kindes von großer Bedeutung. Wenn ein Kind immer wieder Misserfolge erlebt, ist es nicht verwunderlich, dass seine Lernmotivation sinkt. Es traut sich selbst keine Leistungen mehr zu. Es entwickelt vielleicht sogar Angst vor der Schule und den Aufgaben, die dort gestellt werden. Das aber kann zu einem Teufelskreis führen:

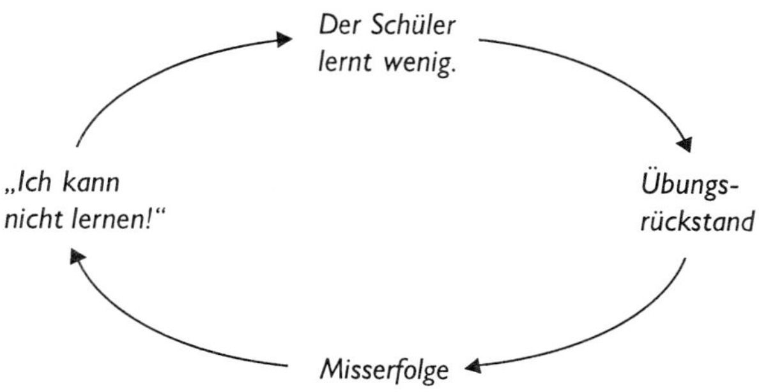

Um diesen Teufelskreis zu durchbrechen, ist ein Konzentrationstraining in vielen Fällen hilfreich (vorausgesetzt natürlich, dass die Lernprobleme tatsächlich durch Konzentrationsschwierigkeiten und nicht durch andere Faktoren bedingt sind). Wenn ein Kind merkt, dass es sich immer besser konzentrieren und Aufgaben leichter und schneller lösen kann, wirkt sich dies sehr positiv auf seine Einstellung zum Lernen aus.

■ Zu wenig Training und Übung

Konzentrationsschwierigkeiten können ihre Ursache auch darin haben, dass das Kind seine Konzentration bisher zu wenig trainiert und gefördert hat. Verglichen werden kann dies mit dem körperlichen Training. Wenn die Muskeln nicht gefordert werden, erschlaffen sie. Ähnlich ist das mit den „geistigen Muskeln": Auch ihre Leistungskraft lässt nach, wenn sie nicht immer wieder trainiert werden. Hierzu aber bietet das vorliegende Trainingsprogramm genügend Anregungen und Möglichkeiten.

■ TIPPS ZUR ANWENDUNG DES TRAININGSPROGRAMMS

☑ Üben Sie mäßig, aber regelmäßig!

Wer einmal eine Konzentrationsübung gemacht hat, wird noch keine Steigerung seiner Konzentration feststellen. Und wer zum ersten Mal eine Gedächtnistechnik erklärt bekommen hat, kann diese noch lange nicht gut und sicher anwenden.

Stattdessen muss die Konzentrationsfähigkeit genauso trainiert werden wie eine Sportart oder ein Musikinstrument. Nur zwei Sachen helfen: Geduld und regelmäßiges Training. Das ist dann am effektivsten, wenn Sie jeden Tag eine kurze Zeit lang, aber dafür über einen sehr langen Zeitraum hinweg üben. Optimal wäre es demnach, jeden Tag ein 10 Minuten langes Training durchzuführen, dies aber über eine Mindestdauer von fünf oder sechs Monaten hinweg.

Entsprechend ist auch dieses Trainingsprogramm aufgebaut.

Darüber hinaus muss Folgendes bedacht werden: Es wäre sehr schön, wenn ein Kind, das eine Fertigkeit erlernt (gleichgültig, ob es nun Klavier oder Tennis spielen lernt oder aber seine Konzentration steigern will), nach **JEDER** Übungsstunde einen kleinen Leistungsfortschritt bemerken würde. Dies ist aber beim Erwerb von Fertigkeiten **NICHT** der Fall. Der Leistungsfortschritt zeigt sich nicht gleichmäßig, sondern in den meisten Fällen schubweise. Mit anderen Worten:

In der Regel trainiert ein Mensch bereits eine ganze Weile, ohne zu bemerken, dass er besser wird. Dann aber stellt er plötzlich – von einem Tag auf den anderen – eine deutliche Leistungssteigerung fest.

Der Leistungsfortschritt kann folgendermaßen veranschaulicht werden:

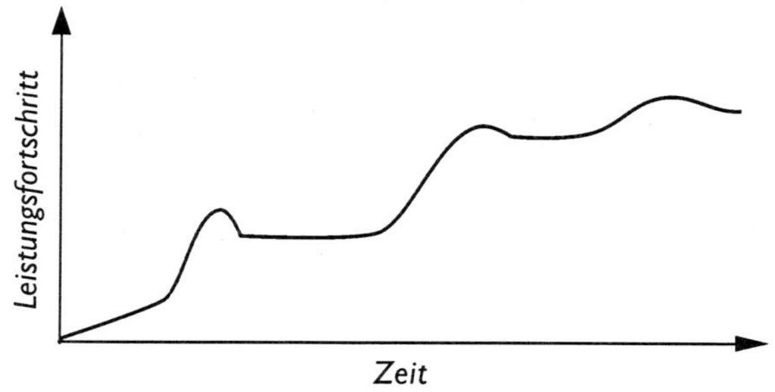

Diese Kurve zeigt, dass tatsächlich nur eines hilft: ausdauerndes Training. Und genau aus diesem Grund finden Sie im vorliegenden Heft Übungen und Arbeitsblätter, die ein Konzentrationstraining über mehrere Wochen und Monate hinweg ermöglichen.

Und noch ein Letztes: Es ist sehr unterschiedlich, wann und wie sich der Leistungsfortschritt zeigt. Bei manchen Kindern kann man bereits nach drei oder vier Wochen eine verbesserte Konzentration feststellen, bei anderen erst nach vier bis fünf Monaten. Bei einigen Schülern äußert sich der Leistungsfortschritt darin, dass sie schneller werden. Andere arbeiten gründlicher, beständiger und entwickeln eine bessere oder raschere Auffassungsgabe.

Verwenden Sie viele verschiedene Konzentrationsübungen!

Langeweile ist tödlich – auch bei Konzentrationsübungen. Aus diesem Grund habe ich in dieses Trainingsprogramm sehr viele verschiedene Konzentrationsübungen eingebaut. Durch die Abwechslung soll die Freude der Kinder an den Konzentrationsübungen aufrechterhalten bleiben. Schließlich weiß jeder aus eigener Erfahrung: Ist meine Freude an einem Tun groß, ist auch meine Aufmerksamkeit und meine Anstrengungsbereitschaft entsprechend hoch. Und dies kommt dem Ziel der Konzentrationsförderung nur zugute.

Darüber hinaus ist der Einsatz vieler verschiedener Konzentrationsübungen wichtig, um unterschiedliche Fähigkeiten – so etwa die akustische, die optische und auch die motorische Konzentrationsfähigkeit – zu fördern.

Vermeiden Sie Über- und Unterforderung!

Für den Erfolg dieses Konzentrationstrainingsprogramms ist es entscheidend, dass Sie die Kinder weder unter- noch überfordern. Wer unterfordert ist, muss sich nicht anstrengen und trainiert daher auch seine Konzentration kaum. Und wer überfordert ist, ist bald so sehr demotiviert, dass er gar nicht mehr zum Üben zu motivieren ist.

Um der Gefahr der Über- und Unterforderung zu begegnen, habe ich bewusst sehr viele verschiedene Übungen ausgewählt, die darüber hinaus auch noch ganz unterschiedliche Schwierigkeitsgrade besitzen. Beobachten Sie also die Kinder ab und zu, während sie die Konzentrationsübungen und Kopiervorlagen bearbeiten. Auf diese Weise wird sehr schnell deutlich, welches Kind über- und welches unterfordert ist. Entsprechend können Sie dann die weiteren Übungen auswählen. Darüber hinaus können Sie viele Übungen erschweren oder erleichtern, indem Sie die Zeit, die das Kind für die Bearbeitung benötigt, verringern oder erhöhen.

Vergessen Sie nie Lob und Aufmunterung!

Versuchen Sie, die Kinder neu zu sehen. Nehmen Sie nicht nur die Situationen wahr, in denen die Kinder Schwierigkeiten haben sich zu konzentrieren.

Beobachten Sie die Kinder und stellen Sie fest, in welchen Bereichen sie sich gut und ausdauernd konzentrieren können: beim Malen beispielsweise, beim Schreiben, Rechnen, Spielen. Loben Sie die Kinder überall dort, wo sie sich gut konzentrieren. Fördern Sie – wenn eben möglich – die Kinder in diesen Bereichen. Betonen Sie nicht nur die Pflichten der Kinder, sondern unterstützen Sie auch ihre Interessen.

DAS TRAININGSPROGRAMM IM 1. UND 2. SCHULJAHR

Entscheidend für den Erfolg ist es, dass Sie möglichst **JEDEN** Schultag etwa zehn Minuten der Konzentrationssteigerung widmen.

Zugleich brauchen Sie viel Geduld. Auch nach drei oder vier oder fünf Wochen werden Sie (in der Regel zumindest) noch keine augenfälligen Veränderungen bei Ihren Schülern wahrnehmen. Daher ist es wichtig, dass Sie mindestens ein halbes Schuljahr lang das Konzentrationstraining verfolgen und die Gedächtnistechnik üben. Nur unter diesen Bedingungen kann das vorliegende Trainingsprogramm tatsächlich zur Steigerung der Konzentration beitragen.

Die erste Woche

In der ersten Woche sollten Sie einige kurze Konzentrationsspiele einführen, um die Kinder mit dem Trainingsprogramm vertraut zu machen.

Ab der zweiten Woche

Ab der zweiten Woche sollten Sie die fünf Schultage etwa folgendermaßen aufteilen:

- Mindestens **EINMAL** pro Woche sollten Sie eine Wahrnehmungsübung durchführen. Hilfreich sind hierfür u.a. die folgenden Übungen:

  Etwas Gehörtes zeichnen (Konzentrationsübung Nr. 17)

  Fragen zu einem Bild beantworten (Konzentrationsübung Nr. 34)

  Bewegung nach Anweisung (Konzentrationsübung Nr. 36)

- **EINMAL** pro Woche sollten Sie die Gedächtnistechnik „Zwei Wörter miteinander verbinden“ trainieren.
- Mindestens **EINMAL** pro Woche sollten Sie eine Kopiervorlage einsetzen.
- Mindestens **ZWEIMAL** pro Woche sollten Sie eine oder mehrere Konzentrationsübungen nach Wahl einsetzen.

KONZENTRATION: INFORMATIONEN UND TIPPS

Selbstverständlich ist diese Aufteilung nur als Vorschlag zu verstehen. Da jede Klasse anders ist, müssen Sie sich die Freiheit nehmen, diese Aufteilung in wichtigen Fällen abzuändern.

Genau aus diesem Grund habe ich auch keine genaue Anleitung beigelegt, welche Kopiervorlage bzw. Übung an welchem Tag durchzuführen ist. Sie werden bald merken, dass jede Klasse bestimmte Vorlieben hat. Diese Übungen können Sie dann häufiger als andere einsetzen.

Anzumerken bleibt, dass die bearbeiteten Kopiervorlagen auf Elternsprechtagen u. Ä. den individuellen Leistungsstand und Leistungsfortschritt eines Kindes dokumentieren können. Auf diese Weise stellen Sie den Eltern anschaulich dar, wo spezielle Defizite oder Leistungsstärken ihres Kindes liegen, die dementsprechend bei der weiteren Förderung beachtet werden sollten – ob also eher die motorische, die optische oder die akustische Wahrnehmungsfähigkeit gefördert werden sollte.

■ **Elternarbeit**

Es ist sehr sinnvoll, die Eltern in dieses Konzentrationstraining einzubeziehen. Verschiedene Möglichkeiten bieten sich an:

- Es ist ratsam, **VOR** Beginn des Trainings einen Elternabend durchzuführen, um die Eltern über die kommenden Maßnahmen zu informieren. Darüber hinaus kann den Eltern in diesem (oder einem anderen) Rahmen auch das Hintergrundwissen zum Thema „Konzentration" vorgestellt werden. Nach meinen Erfahrungen können gerade Eltern sehr viel zu einer Konzentrationssteigerung beitragen.
- Eine weitere Hilfe für die Eltern besteht darin, ihnen eine Liste mit Konzentrationsübungen zusammenzustellen. Auf diese Weise haben die Eltern die Möglichkeit, das Konzentrationstraining beispielsweise in den Ferien oder auch in den kommenden Jahren (bei Bedarf) fortzuführen.

ERKLÄRUNG DER KONZENTRATIONSSPIELE

Die im Folgenden abgedruckten Konzentrationsspiele sind **KEINE** Kopiervorlagen, sondern Übungen, die mündlich durchgeführt werden.

Bei der Auswahl dieser Konzentrationsspiele habe ich mich von den folgenden beiden Kriterien leiten lassen:

❶ Es sind Übungen, die Sie ohne großen Aufwand durchführen können, d.h. mündlich **OHNE** aufwändiges Material. Für einige Übungen benötigen Sie Papier und Stift, nur für die wenigsten sind noch andere Materialien erforderlich.

❷ Die meisten Übungen nehmen (wenn sie erst einmal erklärt worden sind) nur eine kurze Zeitspanne in Anspruch, die sich etwa zwischen zwei und fünfzehn Minuten bewegt.
Sie können diese Übungen also immer mal wieder „zwischendurch" einsetzen.

Wenn es nicht anders angegeben ist, führen Sie die im Folgenden abgedruckten Konzentrationsspiele nach dem Grundsatz „möglichst schnell und möglichst viel" durch. Arbeiten Sie so schnell wie möglich und versuchen Sie (wenn es mehrere Lösungen gibt), auch mehrere Lösungen zu erreichen. Auf diese Art kann nicht nur nach und nach das Lerntempo der Schüler, sondern auch der Schwierigkeitsgrad der Übungen erhöht werden.

Die in diesem Kapitel abgedruckten Konzentrationsspiele sind folgendermaßen zusammengestellt:

- Konzentrationsübungen ohne Aufwand
- Akustisch orientiertes Konzentrationstraining: Hier sind all jene Konzentrationsübungen zusammengetragen, die das genaue „Hin-Hören" fördern.
- Optisch orientiertes Konzentrationstraining: Hier sind all jene Konzentrationsübungen zusammengetragen, die das genaue „Hin-Sehen" fördern.
- Motorisch orientiertes Konzentrationstraining: Hier sind all jene Konzentrationsübungen zusammengetragen, die die Grob- und Feinmotorik fördern.

KONZENTRATIONSÜBUNGEN OHNE AUFWAND

Die im Folgenden abgedruckten Übungen 1 bis 12 können Sie auch sehr sinnvoll im Deutschunterricht einsetzen. Die Übungen 13 und 14 fördern vor allem das mathematische Denken und können daher ergänzend im Mathematikunterricht verwendet werden.

1 Lückenfüller

Ein Kind gibt den Anfangs- **ODER** den Endbuchstaben eines Wortes vor. Dann suchen alle die Wörter, die in diese Lücke passen.

Beispiel: *A ________ – Antenne, Ahorn ...*

Alternativen: *Es können auch der Anfangs-* ***UND*** *der Endbuchstabe vorgegeben werden.*

2 Tierkette:

Reihum nennt jeder Mitspieler ein Tier. Dieses Tier muss mit dem Endbuchstaben des vorangegangenen Tieres beginnen. Jedes Tier darf nur einmal genannt werden.

Beispiel: *Affe – Esel – Leopard – Dachs – S... . . . . . .*

Alternativen: *Gemüse-, Berufe-, Städte-, Länder-, Obstketten oder aber eine Wörterkette zu einem gerade behandelten Themengebiet nennen*

3 Tier-ABC:

Die Kinder schreiben das ABC untereinander auf ein Blatt Papier. Nun suchen sie zu jedem Buchstaben ein Tier, das mit diesem Buchstaben beginnt.

Beispiel: *A – ffe*

B – är

C – ________

Alternativen: *Berufe-, Städte-, Pflanzen-ABC oder aber ein ABC zu einem gerade behandelten Themengebiet*

4 Buchstaben schnell durchstreichen:

Die Kinder streichen in einem Zeitungstext jeden 4. (oder jeden 6. oder jeden __.) Buchstaben möglichst schnell durch.

5 Wörtersuche:

Die Klasse sucht in einer begrenzten Zeit möglichst viele Wörter, die eine bestimmte Eigenschaft besitzen – die also beispielsweise...

... eine bestimmte Anzahl an Buchstaben haben.

... eine bestimmte Silbenzahl besitzen.

... einen bestimmten Anlaut (= Anfangsbuchstaben) haben.

... einen bestimmten Auslaut (= Endbuchstaben) besitzen.

... möglichst häufig ***EINEN*** *bestimmten Buchstaben (also beispielsweise das „a") enthalten.*

6 Wort-Satz-Spiel:

Dieses Spiel wird reihum in einer Kleingruppe gespielt. Der erste Spieler sagt ein Wort. Der zweite Spieler wiederholt dieses Wort und fügt ein zweites hinzu. Der dritte Spieler wiederholt alle bereits gesagten Wörter und fügt ein weiteres an usw.

Wichtig ist hierbei, dass ein möglichst sinnvoller Satz entsteht.

7 Sätze zusammenbauen:

Denken Sie sich einen Satz aus. Schreiben Sie jedes Wort einzeln auf kleine Zettel, mischen Sie diese und geben Sie sie dem Spieler. Dieser versucht nun, die Wörter in der richtigen Reihenfolge wieder zusammenzubauen.

Variante als Gruppenspiel:

Eine Gruppe von maximal vier bis fünf Spielern erhält die gemischten Wortkarten und muss nun versuchen, den Satz zu rekonstruieren. Dabei dürfen sie allerdings nicht sprechen. Jeder darf nach Absprache nur zwei Wortkarten in ihrer Position verschieben, dann muss der nächste Spieler weitermachen usw.

8 Was gibt es in Paderborn?

Die Spieler sitzen im Kreis. Derjenige, der das Spiel beginnen darf, geht in die Mitte, stellt sich vor einen Spieler und sagt: Ich reise nach Paderborn! Was gibt es in Paderborn? Der Spieler, der so angeredet wurde, muss nun in einer bestimmten Zeit drei (oder fünf oder ...) Gegenstände nennen, die mit P (wie P-aderborn) beginnen. Schafft der Spieler dies, geht der Reisende zu einem anderen, dem er dieselbe Frage stellt. Auch dieser zweite Spieler muss nun eine bestimmte Anzahl an Gegenständen nennen, die mit P beginnen – er darf aber keinen Gegenstand wiederholen, der schon einmal genannt wurde.

Wenn ein Spieler nicht genügend Gegenstände in der vereinbarten Zeit findet, ist er der Reisende – diesmal aber aus Nürnberg oder aus München oder aus ...

9 Alles, was nass ist:

Die Spieler sammeln eine bestimmte Zeit lang (z.B. eine Minute lang) alles, was nass (rot, klein, hässlich, nett ...) ist.
Wer am meisten Wörter gesammelt hat, hat gewonnen.

10 Wie lautet der 6. Buchstabe?

Nennen Sie ein Wort. Dann fragen Sie, wie der 6. (oder 4. oder 3. oder __.) Buchstabe dieses Wortes lautet.

11 Gegensätze suchen:

Nennen Sie ein Wort. Die Spieler versuchen nun, das Gegenteil zu finden. Wer als Erster einen Gegensatz nennt, hat gewonnen.

Beispiel: *„Groß" ist das Gegenteil von „klein".*

12 Andere Verwendung:

Nennen Sie einen gebräuchlichen Gegenstand. Die Spieler sollen nun **NICHT** sagen, was gewöhnlich mit diesem Gegenstand getan wird. Stattdessen sollen sie möglichst viele Ideen sammeln, was sonst noch mit diesem Gegenstand gemacht werden kann.

Beispiel: *Ein Teller kann nicht nur zum Essen verwendet werden, sondern auch zum Jonglieren, zum Bemalen, zum ...*

13 Sekunden zählen:

Sie benötigen eine Uhr mit Sekundenzeiger. Wenn Sie „Start“ sagen, beginnt jeder Spieler für sich, leise die Sekunden zu zählen. Wenn Sie „Stopp“ sagen, nennen alle die von ihnen gezählte Sekundenanzahl. Wer am nächsten an der tatsächlichen Zeitspanne ist, hat gewonnen.

14 Zahlenreihen (bzw. Buchstabenreihen) richtig fortführen:

An die Tafel oder auf ein Blatt Papier schreiben Sie einige Zahlen. Die Spieler müssen herausfinden, nach welchem Prinzip die Zahlen aufgeschrieben wurden und setzen entsprechend die Zahlenreihe fort.

Beispiele:

2 4 6 8 ...

(+2) (+2) (+2) (+2)

5 7 4 6 ...

(+2) (−3) (+2) (−3)

Anmerkungen:

1. Dieses Spiel kann auch mit Buchstabenreihen gespielt werden – also etwa so:

A C E

2. Bei diesem Spiel kann man den Schwierigkeitsgrad beliebig variieren.

AKUSTISCH ORIENTIERTES KONZENTRATIONSTRAINING

ZIEL: aufmerksames und konzentriertes Hören fördern

15 **Für jedes Wort ein x**:

Lesen Sie Sätze vor. Für jedes Wort schreiben die Spieler ein x auf.

Beispiel:

Ich habe Durst.	x x x
Morgen habe ich Urlaub.	x x x x

16 **Geräuschedosen**

Füllen Sie verschiedene Materialien (Kies, Sand, Reis ...) in kleine Filmdosen, wobei Sie jeweils in zwei Dosen dasselbe Material füllen.

Die Spieler sollen herausfinden, in welchen Dosen dasselbe Material enthalten ist.

17 **Etwas Gehörtes zeichnen:**

Beschreiben Sie ein Bild, beispielsweise folgendes:

„An einem Strand steht ein Haus. Dieses Haus hat zwei Fenster und eine Tür, die weit offen steht. In dem linken Fenster hängen Gardinen. In dem rechten Fenster steht eine Vase, aus der eine einzige Blume herausguckt. Um das Haus herum ist ein Zaun. Auf dem Dach hockt eine Katze, die gerade einen Katzenbuckel macht. Aus dem Schornstein steigt Rauch."

Die Spieler hören aufmerksam (u.U. mit geschlossenen Augen) zu. Sie versuchen nicht, sich die Sätze zu merken. Stattdessen versuchen sie, in ihrem Kopf nach und nach das Bild zu sehen. Dann zeichnen sie das Gehörte auf – wobei es nicht auf schöne Zeichnungen ankommt, sondern darauf, dass alle wesentlichen Details der Beschreibung im Bild enthalten sind.

18 **Laut/leise klopfen**

Wenn Sie laut klopfen, notiert der Spieler einen Strich.

Wenn Sie leise klopfen, notiert der Spieler einen Punkt.

19 **Buchstaben hören:**

Zunächst vereinbaren Sie mit den Kindern einen bestimmten Buchstaben. Dann nennen Sie Wörter und die Kinder müssen möglichst schnell sagen, ob der ausgewählte Buchstabe vorne, in der Mitte oder hinten im Wort vorhanden ist.

20 **Auf Buchstaben tippen:**

Schreiben Sie das ABC kreuz und quer auf ein Blatt. Jeder Mitspieler erhält einen solchen Zettel. Mit diesem Zettel können die folgenden Spiele durchgeführt werden:

- Nennen Sie Buchstaben. Die Spieler tippen darauf.
- Nennen Sie Wörter. Die Spieler tippen auf den Anfangsbuchstaben oder Endbuchbuchstaben.

Gewonnen hat jeweils derjenige, der den Buchstaben als Erster gefunden hat.

21 **Auf Zahlen tippen:**

Schreiben Sie Zahlen kreuz und quer auf ein Blatt. Jeder Mitspieler erhält einen solchen Zettel. Mit diesem Zettel können die folgenden Spiele durchgeführt werden:

- Nennen Sie Zahlen. Die Spieler tippen darauf.
- Nennen Sie Rechenaufgaben. Die Spieler tippen auf das Ergebnis.

Gewonnen hat jeweils derjenige, der die „richtige“ Zahl als Erster gefunden hat.

22 **Rollende Kugel:**

Alle Spieler haben die Augen geschlossen. Dann lassen Sie eine Kugel durch den Raum rollen. Wer nichts mehr hört, hebt den Arm.

23 Geräusche erraten 1:

Die Spieler sehen verschiedene Dinge vor sich – also beispielsweise einen Holzbleistift, Geldstücke, Kreide, ein Buch, ein Heft, ein Blatt usw. Dann lassen Sie jeden dieser Gegenstände einmal auf den Boden fallen. Daraufhin schließen die Spieler die Augen und Sie lassen wiederum wahllos einen der Gegenstände auf den Boden fallen. Die Aufgabe der Spieler besteht darin herauszuhören, welcher Gegenstand auf den Boden gefallen ist.

24 Geräusche erraten 2:

Erzeugen Sie verschiedene Geräusche, die die Spieler erraten müssen.

Beispiele:

- *Papier zerreißen oder zerknüddeln*
- *Münze über den Tisch rollen lassen*
- *klatschen*
- *Hände reiben*
- *ein Buch zuklappen*
- *eine Tür öffnen oder schließen*
- …

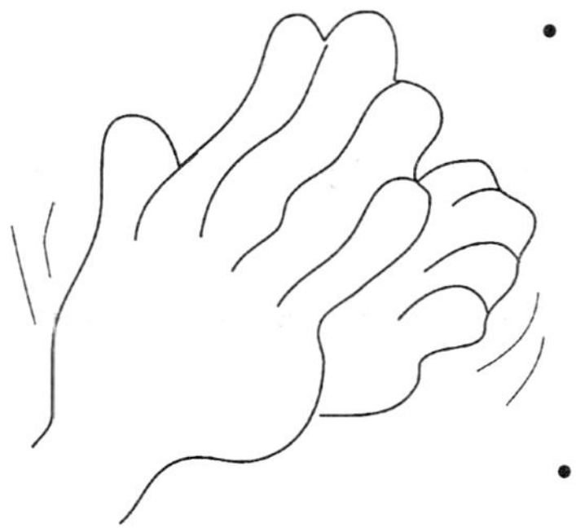

25 Hören, was der Tag erzählt:

Vereinbaren Sie mit den Kindern, dass jeder für zwei oder drei Minuten ganz ruhig ist. Dann öffnen Sie ein Fenster. Jeder lauscht nun den Geräuschen des Tages. Anschließend erzählen die Kinder, was sie alles gehört haben.

26 Tickender Wecker:

Die Spieler gehen so leise durch den Raum, dass jeder das Ticken des Weckers noch hört.

27 Zählen:

Die Spieler schließen die Augen. Klopfen Sie mit einem Stift auf den Tisch. Die Spieler zählen, wie häufig Sie geklopft haben.

Diese Aufgabe hört sich sehr einfach an. Sie ist es aber nicht, wenn Sie mal langsam und mal schnell klopfen.

OPTISCH ORIENTIERTES KONZENTRATIONSTRAINING

ZIEL: aufmerksames und konzentriertes Sehen fördern

28 Bilder-Kim:

Zeichnen Sie ein einfaches Bild an die Tafel oder auf ein Blatt Papier. Die Spieler schauen sich dieses Bild etwa eine Minute lang an. Dann schließen alle die Augen, während Sie etwas an dem Bild verändern (Details hinzufügen oder wegwischen). Wer die Veränderung als Erster bemerkt, hat gewonnen.

29 Angefangene Bilder weiterzeichnen:

Zeichen Sie einige Striche an die Tafel. Die Spieler zeichnen sie ab und machen aus ihnen etwas Bedeutungsvolles.

Aus diesen Strichen 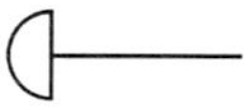 können beispielsweise folgende Bilder entstehen:

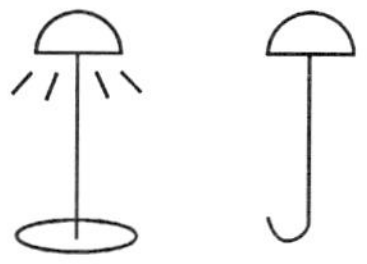

Auch die folgenden Muster eignen sich für diese Aufgabe:

30 Kleider-Kim:

Einige Spieler (maximal vier) stehen vor der Gruppe. Die Gruppe prägt sich ihr Aussehen ein. Dann gehen die vier Spieler vor die Tür und verändern irgendetwas an ihrer Kleidung. Sie gehen wieder in den Raum und die übrigen Mitspieler überlegen, was sie verändert haben.

Alternativen:

- *Die vier Spieler gehen hinaus. Nun stellen Sie Fragen zur Kleidung der Spieler.*
- *Zwei Kinder stehen sich gegenüber und prägen sich das Aussehen des anderen ein; dann drehen sie sich um und jeder verändert Sachen an sich selbst, die der andere erraten muss.*

31 **Zimmer-Kim:**

Die Spieler prägen sich das Aussehen des Raumes (oder einer Raumecke) genau ein. Dann schließen sie die Augen. Nun verändern Sie etwas. Die Veränderung müssen die Spieler erraten.

32 **Gegenstände-Kim:**

Stellen Sie sieben bis zehn Alltagsgegenstände (Teller, Tasse, Füller, Kerze, Anspitzer ...) auf einen Tisch. Die Spieler schauen sich diese Sachen eine Minute lang an, schließen die Augen und Sie verändern etwas:

- Nehmen Sie einen Gegenstand weg.
- Legen Sie einen Gegenstand dazu.
- Verschieben Sie ein oder zwei Gegenstände.

Die Spieler müssen herausfinden, was verändert wurde.

Anmerkungen: Der Spieler, der als Erster die Veränderung herausgefunden hat, wandelt als Nächster etwas um.
Bei diesem Spiel lässt sich der Schwierigkeitsgrad problemlos erhöhen bzw. verringern, indem mit wenigen bzw. vielen Gegenständen gespielt wird oder bei einem Durchgang wenig oder viel verändert wird.

33 **Gegenstände bauen:**

Zeichnen Sie verschiedene geometrische Figuren auf die Tafel oder ein Blatt Papier – z.B. ein Quadrat, einen Kreis, ein Rechteck, ein Dreieck usw.

Aus diesen Flächen sollen die Spieler nun einen Gegenstand (z.B. ein Haus, einen Garten, einen See mit Segelboot usw.) bauen bzw. malen.

Alternativen: Jeder Spieler schneidet die geometrischen Figuren aus und legt mit ihnen das entsprechende Bild.

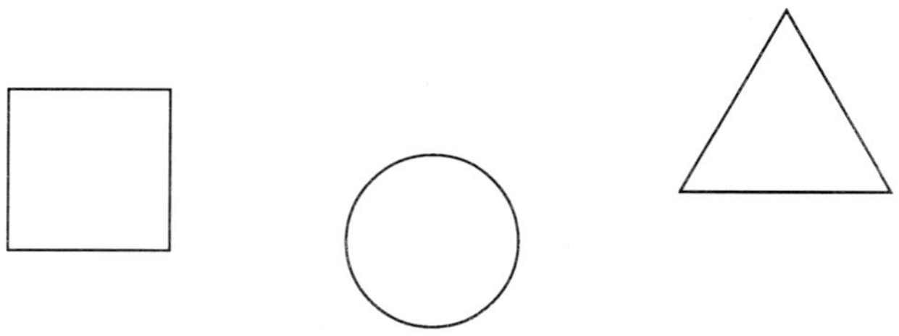

34 **Fragen zu einem Bild beantworten:**

Die Spieler erhalten ein Bild, das sie etwa eine Minute lang aufmerksam betrachten. Dann drehen sie das Bild um, sodass sie es nicht mehr sehen.

Nun stellen Sie Fragen zum Bild, die die Spieler schriftlich beantworten. Anschließend werden die Antworten verglichen und u.U. mit Hilfe des Bildes berichtigt.

Für diese Übung können Bilder aus Schul- und Sachbüchern hervorragend verwendet werden.

LANDWIRTSCHAFT AM NIL

Quelle: Eldwig, Sally u.a.: Arbeitsblätter Geschichte: Das alte Ägypten. Verlag an der Ruhr 1996, S. 12

Beispiele:

1. *Wie viele Tiere siehst du?*
2. *Welche Tierarten sind abgebildet?*
3. *Wie viele Menschen arbeiten auf dem Feld?*
4. *Wie viele Menschen sitzen im Boot?*
5. *Wie viele Schiffe fahren auf dem Nil?*
6. *Wie viele Bootssegel sind auf dem Bild zu sehen?*
7. *Aus welchem Material ist der Steg?*
8. *Was hat der Hirtenjunge in der Hand?*

DER PYRAMIDENBAU

Quelle: Eldwig, Sally u.a.: Arbeitsblätter Geschichte: Das alte Ägypten. Verlag an der Ruhr 1996, S. 12

Beispiele:

1. Wie viele Menschen ziehen den Steinblock vorne im Bild?
2. Wie viele Palmen siehst du auf dem Bild?
3. Wie viele Steinblöcke sind zu sehen?
4. Wie viele Rundhölzer werden benutzt, um den Steinblock vorne im Bild zu transportieren?
5. Wie viele Krüge stehen neben dem vorderen Stand?
6. Wie viele Stände sind auf dem Bild zu sehen?

MOTORISCH ORIENTIERTES KONZENTRATIONSTRAINING

ZIEL: die Grob- und Feinmotorik fördern

35 Bewegungen nachmachen:

Die Spieler machen die Bewegungen nach, die Sie ihnen vormachen. Malen Sie beispielsweise mit dem Finger eine Form (Buchstabe, Zahl, Figur oder auch Kreise, Sterne, Bäume, Schlangenlinien usw.) auf den Tisch oder in die Luft. Der Spieler malt sie aus dem Gedächtnis nach.

36 Bewegung nach Anweisung:

Auf Ihre Anweisung geht der Spieler leise durch den Raum, stampft fest auf oder schleicht, stoppt plötzlich ab, dreht sich nach rechts ...

Nach meinen Erfahrungen ist es sinnvoll, die Spieler zu bitten, ganz still zu sein und genau hinzuhören, weil Sie die Anweisungen nur flüstern.

Mit Hilfe dieses Spieles lernen die Spieler, Handlungen besser zu planen und Bewegungen genauer zu dosieren. Darüber hinaus werden die Spieler durch den Wechsel von Spannung und Entspannung, Schnelligkeit und Langsamkeit sensibler und aufnahmefähiger.

37 Storchenstellung:

Der Spieler steht ruhig auf einem Bein. Wer hält dies am längsten aus?

38 Figuren nachlegen:

Legen Sie aus zwei (oder mehr) Stäben, Streichhölzern oder Bleistiften Buchstaben, Zahlen oder andere Figuren. Die Spieler legen sie nach.

39 **Takt tippen:**

Tippen Sie im Takt mit den Zehen auf den Boden, mit den Fingern auf den Tisch... Der Spieler ahmt diese Bewegungen nach. Auch er tippt mit den Fußsohlen im Takt auf den Boden.

Alternativen:
1. mit beiden Füßen denselben Takt
2. beide Füße tippen abwechselnd im Takt
3. die Hände klatschen gleichzeitig/abwechselnd im Takt rechts und links vom Körper auf den Boden

40 **Tast-Kim:**

Legen Sie in einen undurchsichtigen Beutel mehrere Alltagsgegenstände hinein (z.B. Löffel, Schlüssel, Anspitzer, Radiergummi u. Ä.). Die Spieler versuchen nun, durch Fühlen herauszufinden, welche Gegenstände sich in dem Sack befinden.

41 **Bleistift-Stafette:**

Die Spieler stellen sich in einem großen Kreis auf. Jeder Spieler hält jeweils einen Bleistift in jeder Hand. Der erste Spieler bekommt nun von Ihnen einen dritten Bleistift quer über die beiden Bleistifte gelegt, die er in der Hand hält. Damit geht er vorsichtig zum nächsten Spieler und übergibt diesem den Bleistift.

Das Ziel des Spiels besteht darin, den Bleistift nacheinander an alle Spieler durchzureichen, ohne dass er auf den Boden fällt oder berührt wird.

42 **Mit dem Rücken lesen:**

Die Spieler stehen hintereinander. Der letzte Spieler schreibt demjenigen Spieler, der vor ihm steht, eine Zahl oder einen Buchstaben auf den Rücken. Dieser Spieler versucht zu erfühlen, was geschrieben wurde. Das schreibt er dann auf den Rücken seines Vordermannes usw. Der erste Spieler in der Reihe geht, wenn ihm sein Hintermann die Zahl bzw. den Buchstaben auf den Rücken geschrieben hat, ganz ans Ende der Reihe. Nun schreibt er dem letzten Spieler (der mit dem Spiel begonnen hat) das Zeichen auf den Rücken. Anschließend wird geprüft, ob alle das richtige Zeichen erfühlt und weitergegeben haben.

Dann beginnt das Spiel von vorn.

KONZENTRATIONSÜBUNGEN FÜR DIE SCHULFÄCHER

In diesem Kapitel stelle ich keine neuen Konzentrationsübungen vor. Stattdessen liste ich diejenigen Übungen auf, die für die einzelnen Fächer besonders geeignet sind. Denn einige der bereits vorgestellten Konzentrationsspiele bieten neben dem Effekt der Konzentrationssteigerung noch weitere fachspezifische Übungsmöglichkeiten. Viele Übungen können unabhängig vom Konzentrationstrainingsprogramm für einen produktiven und handlungsorientierten Unterricht genutzt werden.

Im Folgenden werde ich daher für den Deutsch-, Mathematik- und Sachunterricht darstellen, welche Konzentrationsspiele den jeweiligen Unterricht sinnvoll ergänzen können.

Konzentrationsübungen für das Fach Deutsch

Wort- und Buchstabenübungen

- Lückenfüller (1)
- Tierkette (2)
- Tier-ABC (3)
- Buchstaben schnell durchstreichen (4)
- Wörtersuche (5)
- Wort-Satz-Spiel (6)
- Sätze zusammenbauen (7)
- Der Hamburger Kaufmann (8)
- Alles, was nass ist (9)
- Wie lautet der 6. Buchstabe? (10)
- Gegensätze suchen (11)
- Andere Verwendung (12)

Akustisch orientierte Wort- und Buchstabenübungen

- Für jedes Wort ein x (15)
- Buchstaben hören (19)
- Auf Buchstaben tippen (20)

Motorisch orientierte Wort- und Buchstabenübungen

- Bewegungen nachmachen (35)
- Figuren nachlegen (38)
- Mit dem Rücken lesen (42)

Training des sprachlichen Ausdrucks/ Erweiterung des Wortschatzes

- Lückenfüller (1)
- Wort-Satz-Spiel (6)
- Sätze zusammenbauen (7)
- Gegensätze suchen (11)

Konzentrationsübungen für den Sachunterricht

Umgang mit Fachbegriffen

- Tierkette: Die Kinder erstellen Wörterketten zu bestimmten Themenbereichen und Fachgebieten. (2)
- Tier-ABC: Die Kinder erstellen ein ABC zu einem bestimmten Themenbereich bzw. zu einem festgelegten Fachgebiet. (3)
- Sätze zusammenbauen: Die Sätze, die die Schüler zusammenbauen, können wichtige Merksätze, Begriffsdefinitionen o.Ä. sein. (7)

Sachwissen erwerben und behalten

Diese beiden Übungen helfen Sachwissen zu erwerben oder aber gelerntes Sachwissen zu vertiefen und flexibel mit diesem umzugehen.

- Fragen zu einem Bild beantworten: Suchen Sie ein Bild aus, das wichtige Informationen über das gerade behandelte Themengebiet vermittelt. Stellen Sie die Fragen so, dass sie vor allem auf die zu lernenden und merkenden Details hinweisen. (34)
- Etwas Gehörtes zeichnen: Sie beschreiben ein Bild zu dem gerade aktuellen Fachgebiet, beispielsweise ein gesundes Frühstück, ein Tier oder eine Pflanze, das die Kinder dann malen. (17)

Konzentrationsübungen für das Fach Mathematik

Aufbau des Zahlbegriffs – Konzentrationsübungen für den Anfangsunterricht

- Sekunden zählen (13)
- Auf Zahlen tippen (21)
- Zählen (27)
- Gegenstände bauen (33)
- Bewegungen nachmachen (35)
- Figuren nachlegen (38)
- Mit dem Rücken lesen (42)

Förderung der Grundrechenarten

- Auf Zahlen tippen (21)

Förderung des Formenverständnisses

- Gegenstände bauen (33)
- Bewegungen nachmachen (35)
- Figuren nachlegen (38)

ZWEI WÖRTER MITEINANDER VERBINDEN

In diesem Kapitel stelle ich eine Gedächtnistechnik vor, die die Konzentration fördert und die zugleich das Behalten von Wörtern und Wortpaaren erleichtert. Sie ist sozusagen eine „Merkhilfe", die das Lernen optimiert. Einzige Voraussetzung: Die Gedächtnistechnik muss so gut beherrscht werden, dass die Schüler sie sicher und schnell anwenden können. Dieses Ziel aber wird nur durch Übung erreicht.

Die Gedächtnistechnik muss jedoch zunächst einmal vom Lehrer im Unterricht vorgestellt und vermittelt werden. Erst dann können die Arbeitsblätter von den Schülern selbstständig bearbeitet werden.

Entsprechend habe ich zu der Gedächtnistechnik folgende Informationen abgedruckt:

- Worum geht es?
- Warum ist die Technik sinnvoll?
- Wie vermittle ich die Technik?
- Anmerkungen
- Arbeitsblätter für Schüler

Worum geht es?

Zwei Wörter können Sie sich problemlos merken, wenn Sie beide Wörter miteinander verbinden und in ein Bild „hineinpacken". Mit Hilfe dieses Bildes können Sie dann sagen, welche beiden Wörter zusammengehören und ein „Wortpaar" ergeben.

Beispiel: Sie haben sich das Wortpaar „Hund – Schnee" gemerkt. Wird nun das Wort „Hund" genannt, so sollte Ihnen das Wort „Schnee" einfallen. Wird das Wort „Schnee" genannt, so sollte Ihnen das Wort „Hund" einfallen.

Und so können Sie sich Wortpaare merken: Verbinden Sie beide Wörter durch eine kurze Geschichte miteinander und „packen" Sie sie so in ein Bild.

Wenn Sie sich beispielsweise die beiden Wörter „Hund" und „Schnee" merken wollen, so können Sie sich u.a. eines der folgenden Bilder vorstellen:

- Aus dem Schnee wird kein Schneemann, sondern ein Schneehund geformt.
- Ein Hund läuft durch den Schnee und wird ganz weiß.
- Ein Hund will auf keinen Fall in den Schnee hinaus, weil der ihm viel zu kalt ist.

Es gibt also stets verschiedene Möglichkeiten, zwei Wörter in ein Bild „hineinzupacken". Wichtig ist nur, dass Sie ein Bild wählen, das Sie gut behalten können.

Warum ist diese Technik sinnvoll?

Zunächst einmal ist dies eine sehr gute Konzentrationsübung. Sie (bzw. die Kinder) können sich nur dann mehrere Wortpaare merken, wenn Sie sich konzentrieren.

VERMITTLUNG DER GEDÄCHTNISTECHNIK

Diese Übung bildet auch die Grundlage für weitere Gedächtnistechniken, die im 3. und 4. Schuljahr erarbeitet werden können. Sie können sich Wortpaare vor allem dann sehr leicht merken, wenn Sie sich die Verbindung, die Sie zwischen zwei Wörtern aufgebaut haben, im Kopf bildlich vorstellen. Und genau **DAS** ist eine Fähigkeit, die das Behalten von Texten erheblich erleichtert.

▪ Wie vermittle ich die Technik?

Für die Einführung dieser Technik sollten Sie fünf oder sechs Wortpaare verwenden. Wichtig ist, dass Sie nur konkrete Nomen wie „Stuhl“, „Hund“ oder „Tisch“ auswählen: also weder Verben, Adjektive noch abstrakte Nomen wie „Liebe“ oder „Wut“, da sich diese nur mit einiger Übung bildlich vorstellen lassen. Erst wenn Ihre Schüler in dieser Technik geübt sind, können Sie **ALLE** Wörter bzw. Wortarten verwenden.

Für die Einführung dieser Technik haben sich beispielsweise die folgenden Wortpaare bewährt:

Tisch – Haus, Tür – Dinosaurier,

Buch – Insel, Schule – Lampe,

Tee – Regen

Schreiben Sie jeweils das erste Wort der Wortpaare auf den linken Flügel und das zweite Wort der Wortpaare auf den rechten Flügel der Tafel.

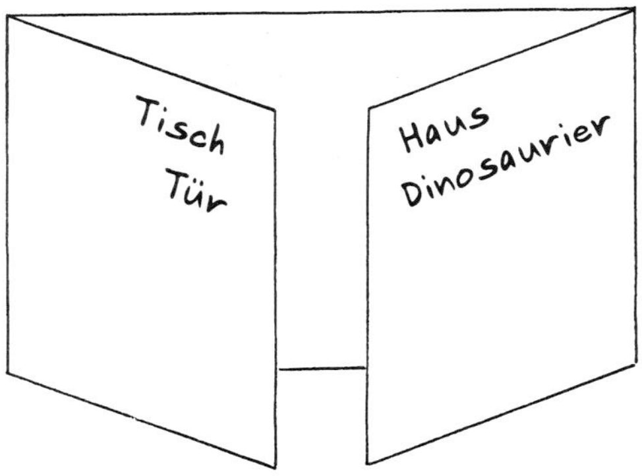

Bitten Sie einen Schüler, diese Wörter laut vorzulesen. Die Schüler sollen sich nun diese Wortpaare merken. Um Ihren Schülern zu verdeutlichen, **WIE** sie sich die Wörter gut merken können, machen Sie es ihnen beim ersten Wortpaar vor. Erzählen Sie Ihr Bild, dass Sie sich zu diesem Wortpaar ausgedacht haben. Fragen Sie dann die Kinder, ob ihnen bereits andere Bilder zu diesem Wortpaar einfallen.

Auf diese Weise gehen Sie die einzelnen Wortpaare durch. Lassen Sie die Kinder Ideen sammeln, wie die Wörter bzw. Wortpaare miteinander verbunden werden können. Es dürfen auch verrückte oder fantasievolle Ideen verwendet werden.

Wenn Sie alle Wortpaare besprochen haben, lassen Sie Ihren Schülern ein oder zwei Minuten Zeit, in der sie die Wortpaare noch einmal still durchgehen können. Fordern Sie Ihre Schüler auf, sich die Geschichten dabei bildlich im Kopf vorzustellen.

Dann klappen Sie einen Flügel der Tafel zur Seite. Gehen Sie nun die sichtbaren Wörter durch und fragen Sie, wer das dazugehörige Wort noch weiß.

Daraufhin klappen Sie den anderen Flügel der Tafel zur Seite – und verfahren ebenso. Zum Abschluss können Sie die Wörter durcheinander abfragen. Sagen Sie ein Wort und Ihre Schüler müssen das dazugehörige Wort auswendig nennen.

Alternativ hierzu ist es selbstverständlich auch möglich, die fehlenden Wörter aufschreiben zu lassen.

Der Vorteil dieser Konzentrationsübung besteht darin, dass sie ohne Aufwand immer wieder zwischendurch durchgeführt werden kann. Darüber hinaus können sich die Schüler auch gegenseitig Wortpaare zum Merken aufschreiben, wobei die aktuellen Lernwörter auf diese Art natürlich besonders sinnvoll geübt werden können.

■ Anmerkungen

Nach meinen Erfahrungen machen die meisten Schüler diese Aufgabe sehr gern. Sie können sich mit Hilfe der vorgestellten Bilder die meisten Wortpaare merken und sehen daher sofort einen Erfolg.

Wenn Sie das Gefühl haben, dass Ihre Schüler unterfordert sind, erhöhen Sie die Zahl der Wortpaare. Sie können auch nach und nach Adjektive, Verben und abstrakte Nomen in die Wortpaare einbauen. Das kann dann folgendermaßen aussehen:

klettern – schlafen:
Vom Klettern bin ich so müde, dass ich nur noch schlafen will.

tragen – zeigen:
Ich trage diese Statue durch die halbe Stadt, um sie dir zu zeigen.

leicht – nahe:
Mein Rucksack ist so leicht, dass mir unser Wanderziel ganz nahe vorkommt.

Meer – deutsch:
Wenn ich auf Mallorca ins Meer springe, höre ich überall nur deutsche Stimmen.

rein – Junge:
Wenn mein Junge alles rein und sauber geputzt hat, bin ich richtig stolz auf ihn.

MERKE DIR DIE WORTPAARE I

Merke dir die Wortpaare. Zwei Beispiele helfen dir.
Finde ein eigenes Bild.
Male es in den Bilderrahmen und schreibe es auf.

Auto – Laterne

- Ein Auto fährt vor eine Laterne.
- Im Licht der Laterne siehst du ein Auto.
- ________________________________
  ____

Baum – Schultasche

- Im Baum hängen keine Früchte, sondern lauter Schultaschen.
- Meine Schultasche lehne ich an einen Baum.
- ________________________________
  ____

Schreibe die fehlenden Wörter in die Lücken.
Decke dabei den oberen Teil des Blattes ab.

Auto – ________________________________

Baum – ________________________________

Mit dieser Regel kannst du dir Wortpaare leichter merken:

Stell dir das Bild, das du dir ausgedacht hast, in Gedanken möglichst lange und genau vor.

☞ Merke dir die Wortpaare.
Schreibe noch 2 eigene Bilder auf!

Schiff – **Sonne** Das Schiff steuert genau auf die Sonne zu.

Lampe – **Blitz** ______________________

____

Insel – **Papier** ______________________

____

☞ Decke den oberen Teil des Blattes ab.
Schreibe die fehlenden Wörter hier auf.

Sonne – ______________________

Lampe – ______________________

Insel – ______________________

Blitz – ______________________

MERKE DIR DIE WORTPAARE 3

Bär	**–**	**Nuss**
Junge	**–**	**Meer**
Höhle	**–**	**Blatt**
Hund	**–**	**Mauer**
Fahrrad	**–**	**Blüten**
Palme	**–**	**Schnee**
Küche	**–**	**Straßenbahn**

☞ Suche dir einen Partner.
Kontrolliert euch gegenseitig.

☞ Schreibe eigene Wortpaare auf.
Dein Partner soll sie sich merken.
Kontrolliere ihn.

__________ – __________

__________ – __________

__________ – __________

__________ – __________

__________ – __________

Zur Nummerierung der Kopiervorlagen

Die Kopiervorlagen sind durchnummeriert, wobei die Nummerierung nicht der Seitenzahl entspricht. Kopiervorlagen mit derselben Arbeitsanweisung haben auch dieselbe Nummer.

Zum Schwierigkeitsgrad der Kopiervorlagen

Die Kopiervorlagen eignen sich vor allem für das erste und zweite Schuljahr, da viele Übungen ohne Buchstaben und Zahlen berücksichtigt wurden.

Diese Angaben sind jedoch nur Richtwerte. Da es wichtig ist, dass die Schüler weder unter- noch überfordert werden, müssen Eltern und Lehrer selbst entscheiden, welche Kopiervorlagen für den betreffenden Schüler passend sind.

Zum Einsatz der Kopiervorlagen

Die Arbeitsanweisungen auf den Kopiervorlagen habe ich bewusst knapp gehalten. Daher ist es dann, wenn eine bestimmte Übung zum ersten Mal eingesetzt wird, erforderlich, dass Sie sie ausreichend erklären. Die Schüler benötigen dann beim zweiten Einsatz derselben Übung keine ausführliche Erklärung mehr bzw. finden mit Hilfe der Arbeitsanweisung auf der Kopiervorlage selbst heraus, was sie zu tun haben.

Im Folgenden habe ich daher die Übungen für Sie ausführlich beschrieben und erklärt.

OPTISCH ORIENTIERTES KONZENTRATIONSTRAINING

(1) Aus welchen Teilen lässt sich das Haus nachbauen?

Auf der Kopiervorlage ist ein Bild abgedruckt: ein Haus oder ein Schiff oder ... Darunter und daneben befinden sich verschiedene Teile, aus denen das Bild zusammengesetzt werden kann. Es sind aber auch Elemente enthalten, die für den Nachbau **NICHT** gebraucht werden. Die Aufgabe besteht nun darin, diejenigen Elemente herauszusuchen, die für den Nachbau des Bildes benötigt werden.

Falls diese Übung zunächst Schwierigkeiten bereitet, können Sie die vom Kind ausgewählten Teile nach und nach auf einem Blatt aufzeichnen. Auf diese Weise kann das Kind vergleichen, ob es die richtigen Teile ausgewählt hat.

(2) Groß, kleiner, am kleinsten!

Auf der Kopiervorlage sind verschiedene Gegenstände abgebildet, die unterschiedlich groß sind. Die Kinder sollen diese Gegenstände ordnen - und zwar ihrer Größe nach. Dabei ist es gleichgültig, ob sie beim kleinsten oder beim größten Gegenstand anfangen.

(3) Labyrinth-Aufgaben: Wie kommt die Maus zum Käse?

Auf der Kopiervorlage ist ein Labyrinth abgebildet. Die Kinder müssen nun versuchen, den Weg durch das Labyrinth zu finden.

Diese Aufgabe wird etwas schwieriger, wenn der Weg ohne Stift gefunden wird. Die Kinder fahren den Weg ganz allein mit den Augen (und nicht mit dem Finger!) nach.

(4) Was fällt aus der Reihe?

Auf dieser Kopiervorlage sind in einer (waagerechten) Reihe jeweils dieselben Bilder abgedruckt. Das erste Bild in jeder Reihe zeigt, wie das Bild bzw. das Zeichen auszusehen hat. Die übrigen Bilder unterscheiden sich nun teilweise in kleinen Details von diesem ersten Bild. Diese Unterschiede sollen gefunden und angestrichen werden.

(5) Welche Fahnen sind gleich?

Auf der Kopiervorlage sind mehrere Fahnen abgebildet. Die Kinder sollen die Fahnen, die dasselbe Muster haben, mit einem Strich verbinden.

Beispiel:

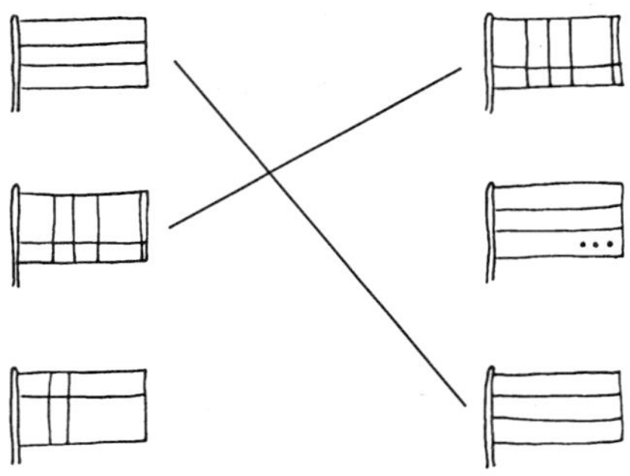

(6) Finde die Unterschiede! Male das Bild aus!

Auf den Kopiervorlagen ist zweimal dasselbe Motiv abgebildet. Allerdings unterscheidet sich das zweite Bild in sieben Einzelheiten vom ersten. Diese Unterschiede sollen gefunden und angestrichen werden.

(7) Verbinde die Zeichen, die gleich sind!

Auf dieser Kopiervorlage sind mehrere Zeichen kreuz und quer verteilt, die sich nur durch kleine Einzelheiten unterscheiden. Die Aufgabe besteht darin, die jeweils genau gleichen Zeichen durch einen Strich miteinander zu verbinden.

Bei dieser Übung sollte möglichst schnell gearbeitet werden.

Beispiel:

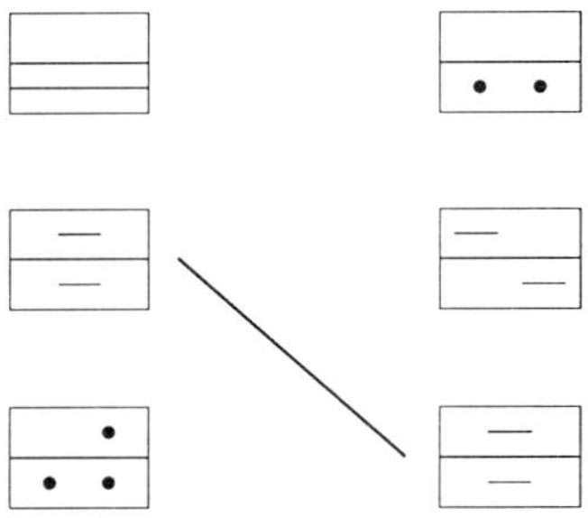

(8) Zeichne die Bilder ab!

Auf der Kopiervorlage sind mehrere Bilder abgedruckt. Die Kinder sollen sie eine Weile intensiv betrachten und dann abdecken. Die Aufgabe besteht nun darin, die Bilder aus dem Gedächtnis gemäß der Vorlage aufzuzeichnen.

Zunächst sollten sich die Kinder nur ein Bild einprägen, dieses abdecken und aufzeichnen. Später können sie versuchen, sich auch mehrere Bilder auf einmal einzuprägen.

Anmerkung: Auf manchen Kopiervorlagen ist nur ein Bild abgedruckt, das dann aber relativ viele Einzelheiten enthält.

(9) Schau Dir die Zeichen genau an! Decke sie ab! Zeichne sie in die Kästchen!

Auf der Kopiervorlage sind mehrere Zeichen abgebildet. Die Kinder sollen diese eine Weile intensiv betrachten, dann abdecken und die Zeichen aus dem Gedächtnis gemäß der Vorlage aufzeichnen.

Zunächst sollten sich die Kinder ein oder höchstens zwei Zeichen einprägen, diese abdecken und aufzeichnen. Später können sie dann versuchen, sich drei oder sogar alle Zeichen auf einmal einzuprägen und aufzuzeichnen.

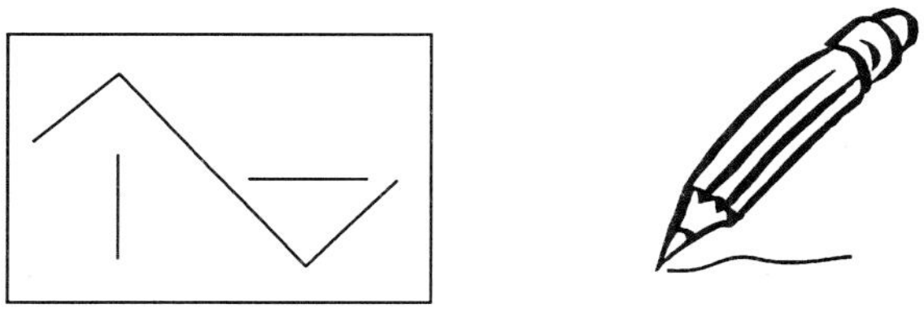

(10) Male die Bilder fertig!

Auf dieser Kopiervorlage sind untereinander mehrere Bilder abgedruckt. Neben diesen „fertigen" Bildern befinden sich Kästchen, in denen dasselbe Bild wie am Anfang der Reihe erscheinen soll. Es sind aber jeweils erst einige wenige Striche zu sehen. Die Aufgabe besteht nun darin, diese Bilder zu vervollständigen.

Möglich ist es, das fertige Bild abzudecken, sodass die Kinder die Aufgabe aus dem Gedächtnis lösen müssen.

(11) Welcher Buchstabe gehört zu welcher Zahl? – Welches Kind pflückt welche Blume? – Verfolge die Linie mit den Augen.

Bei dieser Aufgabe geht es darum, einem Strich durch das Gewirr vieler Striche hindurch bis zum Ziel mit den Augen zu folgen.

Auch diese Aufgabe sollten die Kinder möglichst ohne Finger und Stift lösen. Nur wenn dies große Schwierigkeiten bereitet, kann ein Stift zu Hilfe genommen werden.

(12) Welche Zeichen schließen die Lücke?

Auf dieser Kopiervorlage sind breite Linien abgebildet, in denen allerdings Lücken klaffen. Jede Lücke hat eine ganz bestimmte Form - und kann daher nur von einem ganz bestimmten „Lückenfüller" ausgefüllt werden.

Die „Lückenfüller" sind oben auf der Kopiervorlage abgebildet. Die Schüler müssen sich diese aufmerksam ansehen und dann abdecken. Sie versuchen nun, aus dem Gedächtnis zu bestimmen, welches Zeichen in welche Lücke gehört und schreiben die Zahl hinein.

Ist dies zu schwierig, wird die Lücke offen gelassen. Wichtig ist, dass die Schüler so schnell wie möglich arbeiten.

(13) Lies die Wörter!

Die Kinder sollen Wörter lesen, deren untere Hälfte fehlt.

Beispiel:

ERKLÄRUNG DER KOPIERVORLAGEN

MOTORISCH ORIENTIERTES KONZENTRATIONSTRAINING

(14) Setze die Muster fort

Auf der Kopiervorlage sind mehrere Reihen mit unterschiedlichen Mustern abgebildet. Die Aufgabe besteht nun darin, die Muster bis zum Ende der Reihe fortzusetzen.

(15) Folge dem Steg mit einem Stift!

Auf dieser Kopiervorlage ist ein Steg abgebildet, der in Schlangenlinien über einen großen See hinwegführt. Dem Steg soll mit einem Stift gefolgt werden, ohne die Linie zu berühren oder gar zu überschreiten.

(16) Male Segel, die nach links/rechts wehen grün an!

Auf dieser Kopiervorlage sind Segel abgebildet, die sich teils links und teils rechts vom Mast befinden. Die Kinder müssen nun die Segel, die sich links vom Mast befinden, in einer vorgegebenen Farbe anmalen. Genauso müssen sie mit den Segeln verfahren, die sich rechts vom Mast befinden.

(17) Beende die Zeichnung!

Die Kinder sehen nur einige Striche einer Zeichnung. Sie müssen erahnen, was die Zeichnung abbildet. Dann sollen sie die Zeichnung zu Ende malen.

(18) Male die zweite Hälfte

Ein Bild ist nur zur Hälfte zu sehen. Das Kind sollte möglichst exakt die zweite Hälfte (spiegelbildlich) hinzuzeichnen.

FÖRDERUNG DER SCHNELLIGKEIT UND AUSDAUER

(19) Streiche alle Buchstaben durch!

Auf dieser Kopiervorlage sind verschiedene Zeichen, Buchstaben und Zahlen durcheinander abgebildet. Die Aufgabe besteht nun darin, alle Buchstaben möglichst schnell zu streichen.

Beispiel:

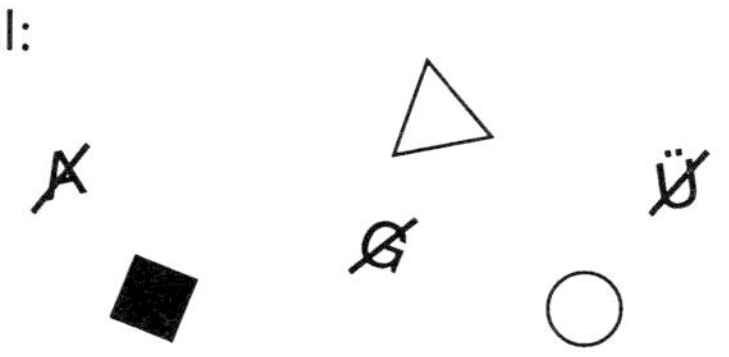

(20) Vervollständige die Zeichen

Auf dieser Kopiervorlage sind verschiedene Zeichen abgebildet. Ganz oben oder aber an der Seite ist jedes Zeichen noch einmal abgebildet - und zwar diesmal „vollständig". Denn jedes Zeichen enthält in sich ein anderes kleines Zeichen (einen Punkt, einen Strich, ein Kreuz...). Die noch leeren Zeichen sollen gemäß der Anweisung vervollständigt werden.

Der Schwierigkeitsgrad erhöht sich, wenn die Kinder sich die fertigen Zeichen einige Augenblicke lang ansehen, diese dann aber zudecken und die unvollständigen Zeichen aus dem Gedächtnis vervollständigen.

(21) Schreibe zu jedem Buchstaben (zu jeder Zahl) das passende Zeichen!

Auf dieser Kopiervorlage sind Buchstabenreihen (bzw. Zahlenreihen) abgebildet. Darüber hinaus ist eine „Erklärungsleiste" angefügt. Dort ist angegeben, welches Zeichen zu welchem Buchstaben (bzw. zu welcher Zahl) gehört. Die Aufgabe besteht nun darin, jedem Buchstaben (bzw. jeder Zahl) das passende Zeichen zuzuordnen.

Optimal wäre es, wenn die Kinder sich einprägen, welches Zeichen zu welchem Buchstaben bzw. zu welcher Zahl gehört. Dann wird die obere Reihe abgedeckt und die Kinder lösen die Aufgabe aus dem Gedächtnis.

Beispiel:

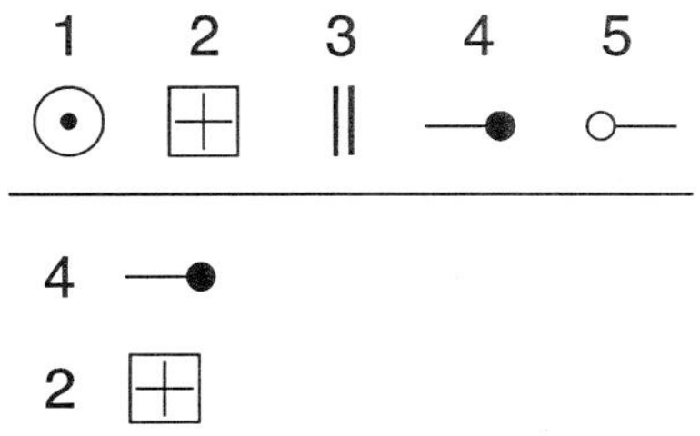

(22) Streiche die Buchstabenreihen (Zahlenreihen) durch, die nicht gleich sind!

Auf dieser Kopiervorlage sind Buchstabenreihen (bzw. Zahlenreihen) jeweils in „doppelter" Ausführung abgebildet. Die Kinder müssen nun möglichst schnell die untereinander stehenden Buchstabenreihen vergleichen. Alle Reihen, die nicht identisch sind, werden durchgestrichen.

Beispiel:

HJKL IUOP DRTZ
HJLL IUOP DETZ

(23) Streiche die Zeichen, die nicht dazugehören!

Auf dieser Kopiervorlage sind viele Zeichen durcheinander abgedruckt. Über oder neben diesen Zeichen befindet sich eine „Erklärungsleiste", in der alle Zeichen abgedruckt sind, die stehen bleiben dürfen. Alle anderen Zeichen müssen möglichst schnell gestrichen werden.

Schwieriger wird diese Aufgabe, wenn sich die Kinder die Zeichen in der Erklärungsleiste einige Augenblicke lang ansehen, diese abdecken und versuchen, aus dem Gedächtnis die Zeichen zu streichen, die nicht dazugehören.

Beispiel:

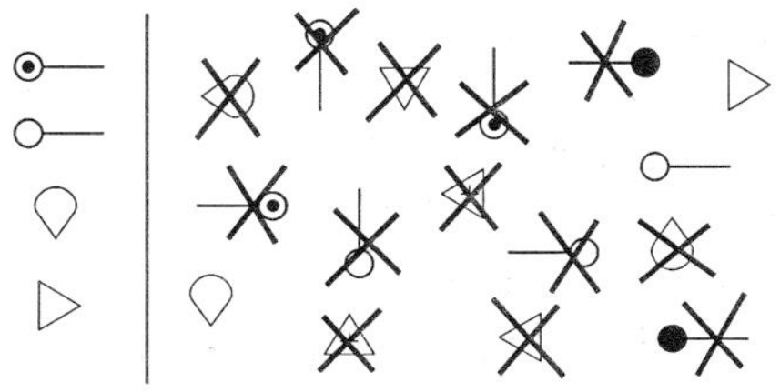

(24) Verbinde das ABC!

Auf dieser Kopiervorlage sind durcheinander alle Buchstaben des Alphabets abgebildet. Alle Buchstaben sollen jeweils in der richtigen Reihenfolge miteinander verbunden werden.

Auch diese Übung ist nur dann interessant, wenn sie möglichst schnell durchgeführt wird. Sie können die Zeit stoppen und dies später einige Male wiederholen. Auf diese Weise sehen Sie, wie die Kinder die Übung immer schneller bewältigen.

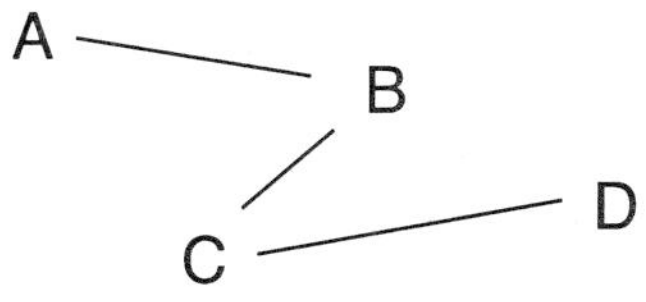

(25) Welches Zeichen passt nicht zur Zahl?

Auf dieser Kopiervorlage sind lange Zahlenreihen abgebildet. Zu jeder Zahl gehört ein Zeichen. Oben auf der Kopiervorlage ist auch hier eine „Erklärungsleiste" abgebildet. Dort sind alle Zahlen aufgeführt sowie das jeweilige Zeichen, das zu dieser Zahl gehört.

Die Aufgabe besteht nun darin, sich einzuprägen, welches Zeichen zu welcher Zahl gehört. Dann muss das Kind die langen Zahlenreihen durchgehen und prüfen, ob bei einer Zahl ein Zeichen steht, das NICHT zu dieser Zahl gehört. Dieses Zeichen muss dann durchgestrichen werden.

Bei dieser Übung kann die „Erklärungsleiste" aufgedeckt, aber auch verdeckt sein.

Beispiel:

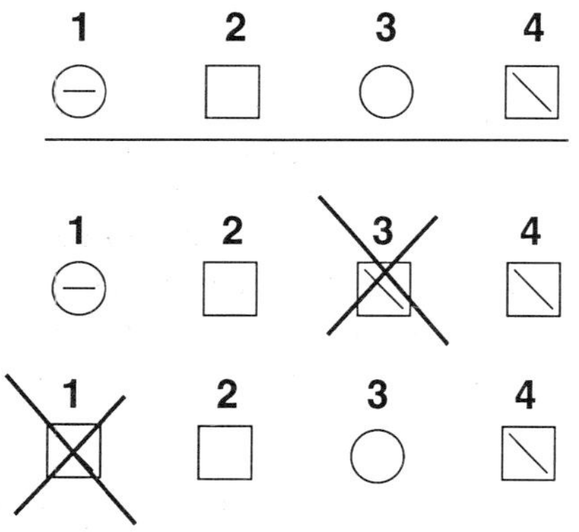

(26) Zähle die Zeichen

Auf dieser Kopiervorlage sind viele verschiedene Zeichen abgebildet. Das Kind soll nun zählen, wie häufig jedes Zeichen abgebildet ist. Wichtig hierbei ist, dass die Zeichen möglichst nur mit den Augen gezählt werden (ohne Stift und ohne Finger)!

Ist dies zu schwierig, kann das Kind den Finger oder einen Stift zu Hilfe nehmen.

(27) Kreise die Buchstaben B/b grün ein! – Streiche jedes g/G durch

Es ist ein Text vorgegeben, in dem ein bestimmter Buchstaben eingekreist oder durchgestrichen werden soll.

Anmerkung: Auf manchen Kopiervorlagen ist KEIN Buchstabe vorgegeben. Dort kann der Lehrer selbst einen Buchstaben eintragen, den dann die Schüler im Text suchen müssen.

(28) Wie oft kommt der Buchstabe E/e in diesem Text vor?

Es ist ein Text vorgegeben, in dem ein bestimmter Buchstabe gezählt werden soll.

ANWENDUNG DER GEDÄCHTNISTECHNIK

Anmerkung:

Die Kopiervorlagen, auf denen eine Gedächtnistechnik verlangt wird, sollten Sie selbstverständlich erst dann einsetzen, wenn die Kinder diese Technik so sicher beherrschen, dass sie selbstständig und weitgehend ohne Hilfe die Aufgabe bewältigen können.

Die Gedächtnistechnik ist in dem Kapitel „Vermittlung der Gedächtnistechnik" ausführlich erläutert.

(29) Merke dir die Wortpaare!

Hier wird die Gedächtnistechnik „Zwei Wörter miteinander verbinden" trainiert. Auf der Kopiervorlage sind mehrere Wortpaare abgedruckt, die die Kinder sich merken sollen.

FÖRDERUNG DES LOGISCHEN DENKENS

(30) Verbinde die Wörter, die zusammengehören!

Auf der Kopiervorlage sind kreuz und quer Wörter abgedruckt. Einige Wörter (beispielsweise alle Wörter, die Obstsorten oder Tiere bezeichnen) haben etwas miteinander zu tun. Diese Wörter sollen durch einen Strich miteinander verbunden werden.

Ergänzend können Sie die Aufgabe, für die einzelnen Wortgruppen einen passenden Oberbegriff zu suchen, stellen (so beispielsweise TIERE, OBST, KLEIDUNG o.Ä.).

FÖRDERUNG DES MATHEMATISCHEN DENKENS

(31) Zähle die Zahlen zusammen!

Auf der Kopiervorlage befinden sich mehrere Zahlen, die allerdings durcheinander und teilweise auch übereinander geschrieben worden sind. Alle diese Zahlen sollen möglichst schnell zusammengezählt werden. Wichtig ist hierbei, dass nur die Augen (und somit weder Finger noch Stifte) benutzt werden.

Beispiel:

1+2+8=11

(32) Löse die Aufgaben!

Oben auf der Kopiervorlage befindet sich eine „Erklärungsleiste“. Dort ist angegeben, welche Zahl durch welches Symbol ersetzt ist. Darunter sind Rechenaufgaben abgedruckt, allerdings sind keine Zahlen, sondern nur die entsprechenden Symbole benutzt worden.

Die Schüler haben nun zwei Möglichkeiten, diese Aufgabe zu lösen. Sie prägen sich die Symbole ein, decken dann die obere Reihe ab und beginnen, die Aufgaben zu lösen. Ist dies zu schwierig, bleibt die „Erklärungsleiste“ beim Lösen der Aufgaben aufgedeckt.

Beispiel:

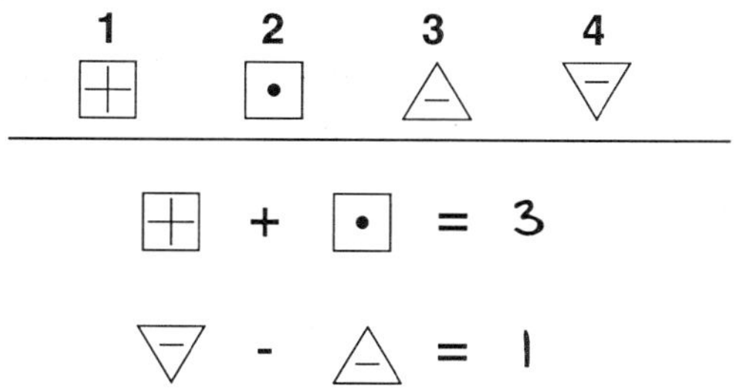

(33) Wie lautet das Ergebnis?

Auf der Kopiervorlage sind Kreise aufgezeichnet, in denen Zahlen stehen. Die einzelnen Kreise sind durch unterschiedliche Linien verbunden. Es gibt durchgezogene, gestrichelte, gepunktete Linien usw.

Die Aufgabe besteht nun darin, sich zunächst eine Linienart herauszusuchen und alle Kreise, die mit dieser Linie verbunden sind, mit den Augen abzugehen. Die Zahlen, die in diesen Kreisen stehen, werden dabei zusammengezählt. Beachtet werden muss hierbei, dass der Schüler zunächst den Anfang oder das Ende der entsprechenden Linie heraussucht und dann mit dem Addieren beginnt.

Dann wird eine andere Linienart gesucht. Erneut werden alle Zahlen, die durch diese Linie verbunden sind, addiert.

Aufgabe der gestrichelten Linie:

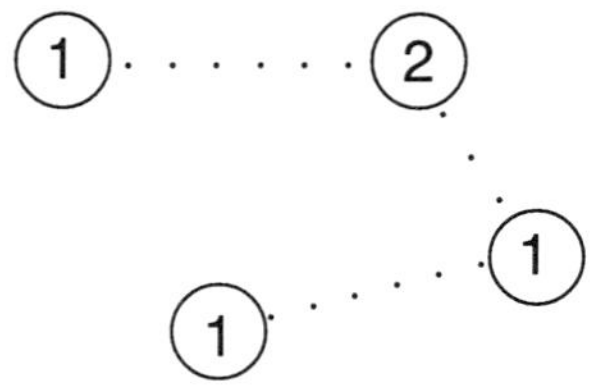

1+2+1+1=5

Im 2. Halbjahr des 2. Schuljahres können die Schüler versuchen die Zahlen in der richtigen Reihenfolge zu verbinden, die wahllos aus dem Zahlenraum 1 bis 100 herausgegriffen und durcheinander abgebildet wurden. Diese Übung ist wesentlich schwieriger, weil die Schüler immer erst die nächst höhere Zahl suchen müssen. Aus diesem Grund sollte den Schülern für diese Aufgabe so viel Zeit wie nötig zur Verfügung stehen.

Wenn ein Kind Schwierigkeiten hat, sich in dem Durcheinander der vielen verschiedenen Linien zurechtzufinden, dann kann es hilfreich sein, wenn es jede Linienart mit einer anderen Farbe markiert. Die durchgezogene Linie zieht es beispielsweise mit einem grünen Stift nach, die gestrichelte Linie mit einer blauen Farbe usw.

(34) Verbinde die Zahlen

Auf dieser Kopiervorlage sind viele Zahlen durcheinander abgebildet. Die Aufgabe besteht darin, alle Zahlen in der richtigen Reihenfolge miteinander zu verbinden.

Für Schüler aus dem 1. und 2. Schuljahr sind in der Regel alle Zahlen aus dem Zahlenraum 1 bis 20 abgebildet, die miteinander verbunden werden müssen.

Diese Übung ist nur dann interessant, wenn sie möglichst schnell durchgeführt wird. Sie können die Zeit stoppen und sie später einige Male wiederholen. Auf diese Weise sehen Sie, wie diese Übung immer schneller bewältigt wird.

1 Aus welchen Teilen lässt sich die Figur nachbauen?

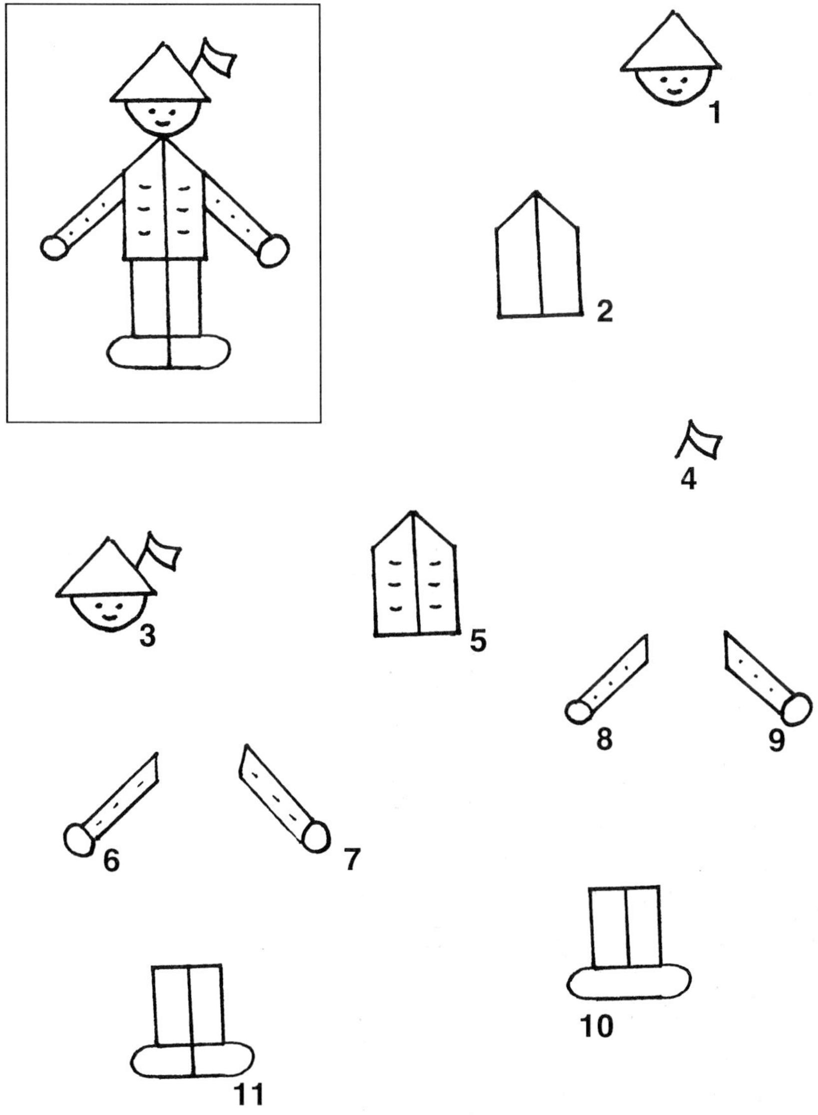

1 Aus welchen Teilen lässt sich das Schiff nachbauen?

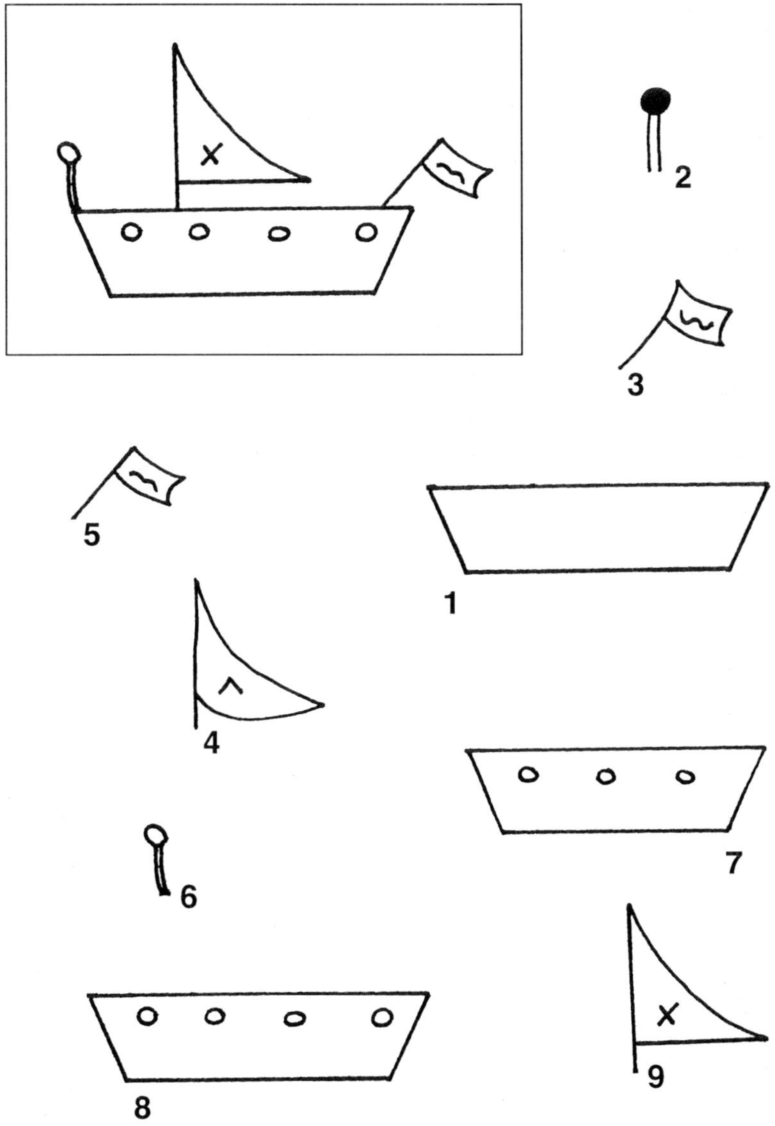

① Aus welchen Teilen lässt sich das Haus nachbauen?

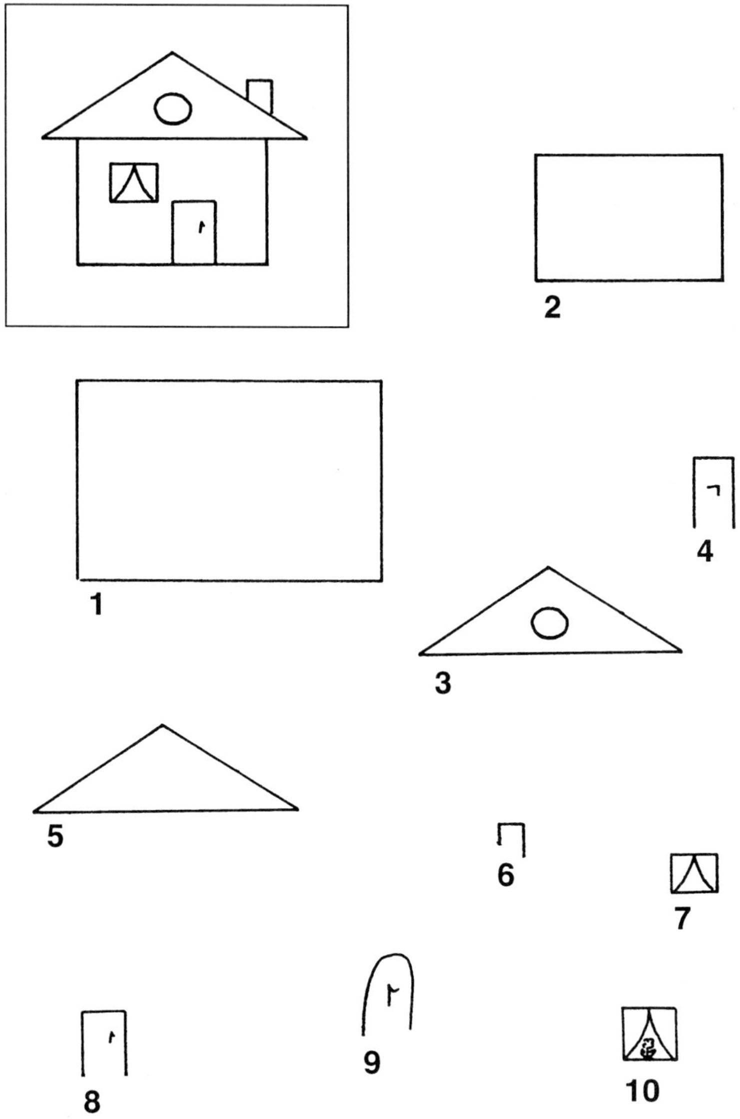

① Aus welchen Teilen lässt sich die Burg nachbauen?

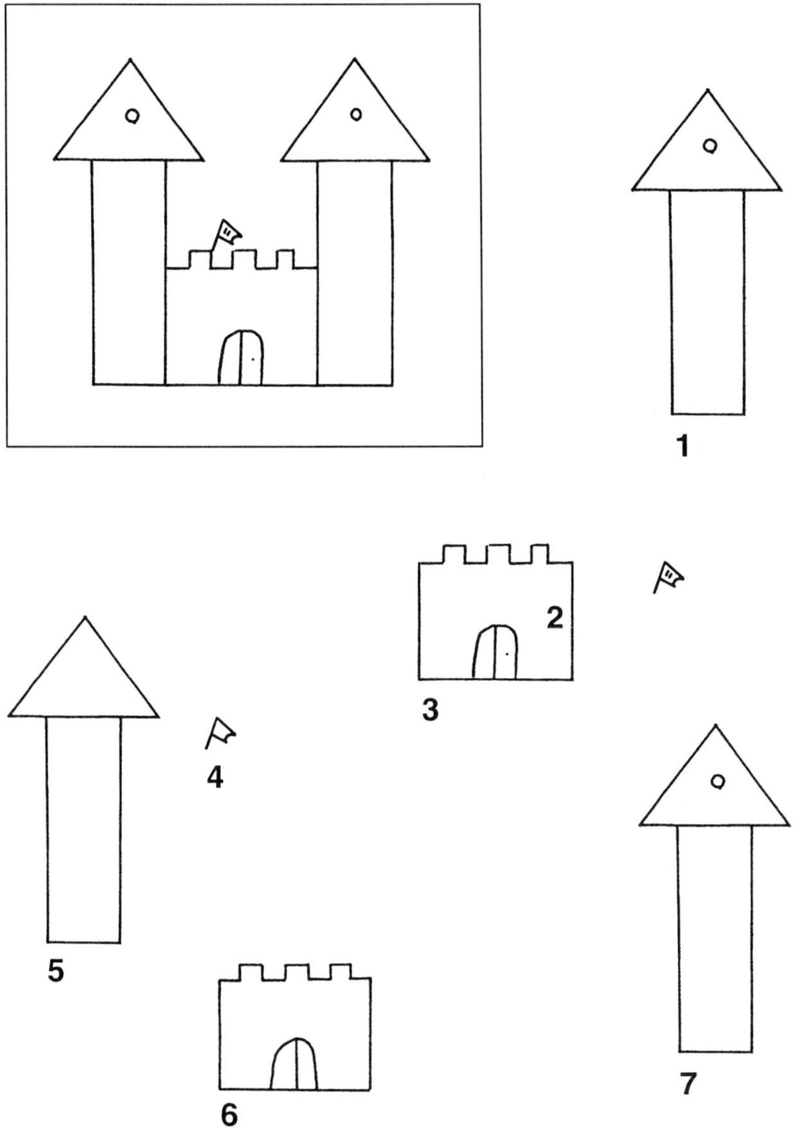

2 Groß, kleiner, am kleinsten

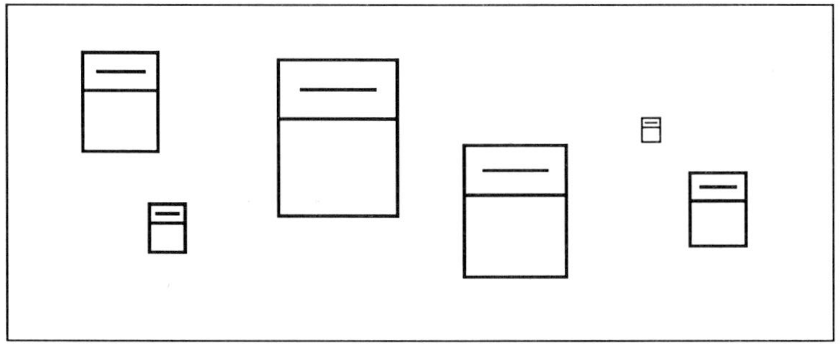

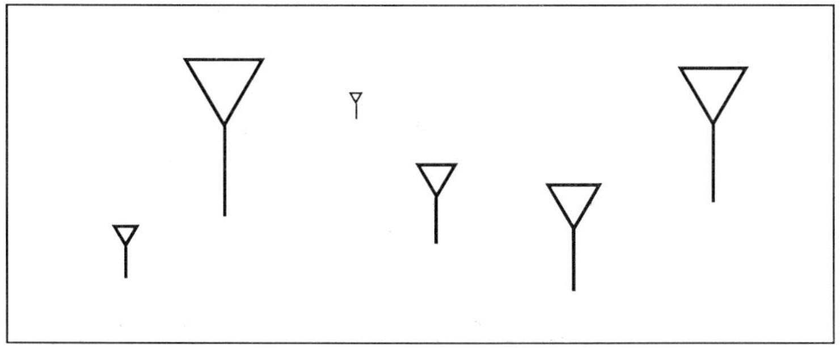

2 Groß, kleiner, am kleinsten

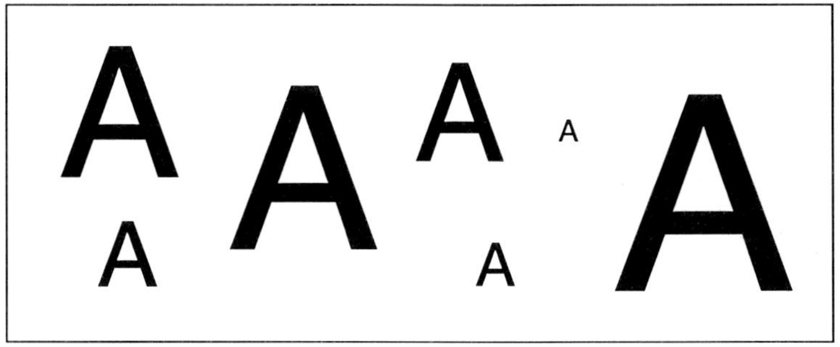

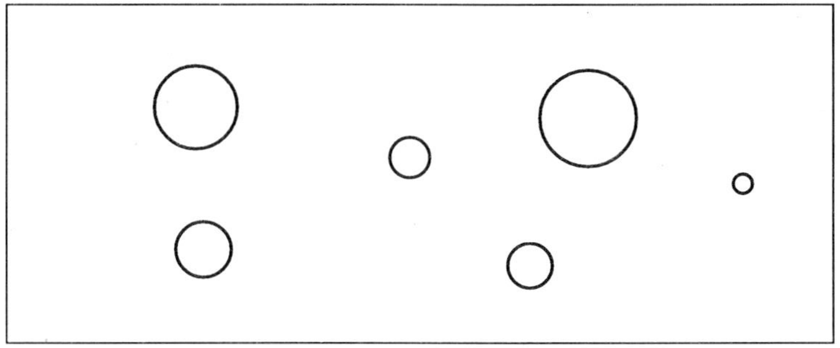

2 Groß, kleiner, am kleinsten

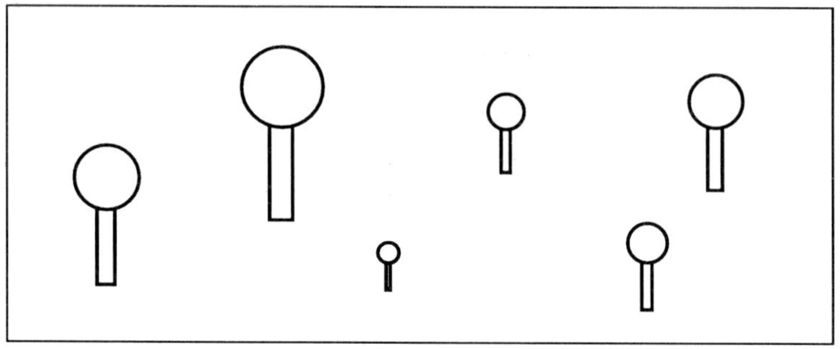

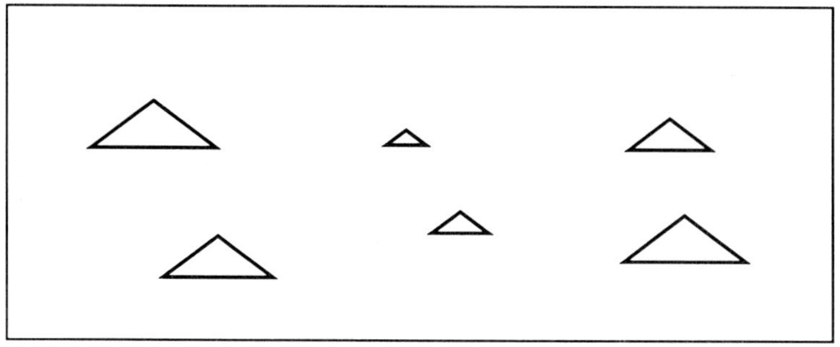

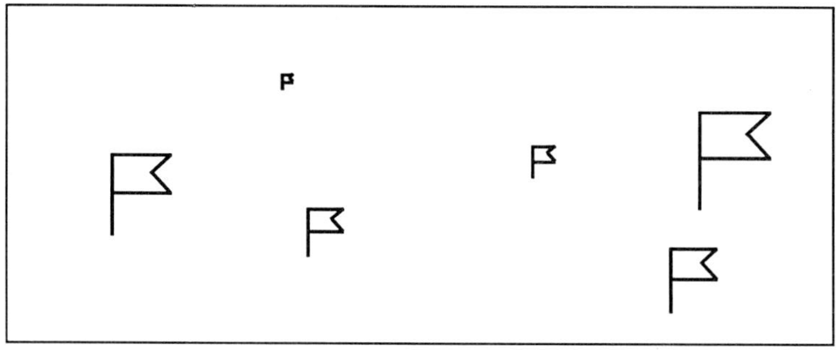

2 Groß, kleiner, am kleinsten

3 Wie kommt die Maus zum Käse?

3 Wie kommt die Maus zum Käse?

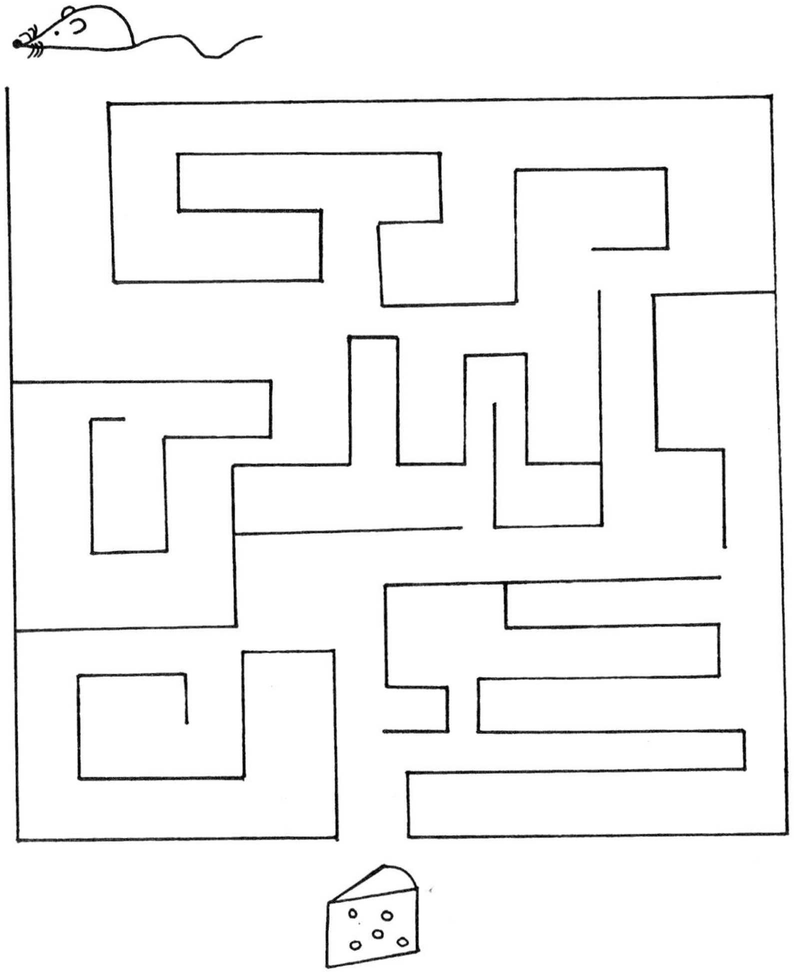

3 Wie kommt die Maus zum Käse?

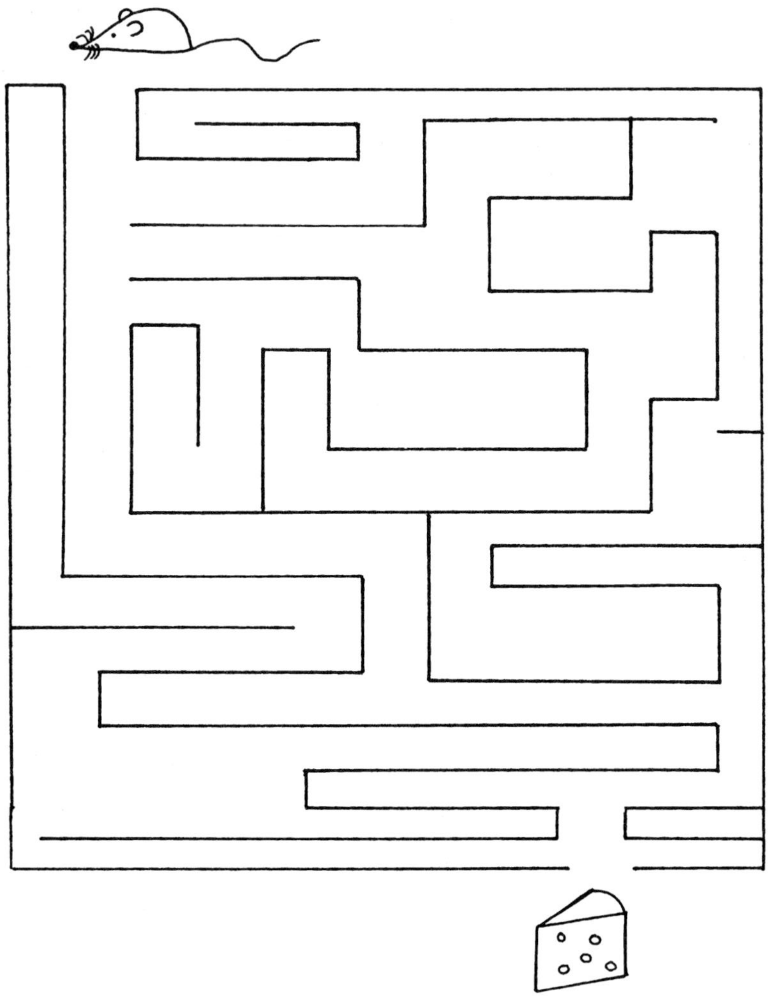

3 Wie kommt die Maus zum Käse?

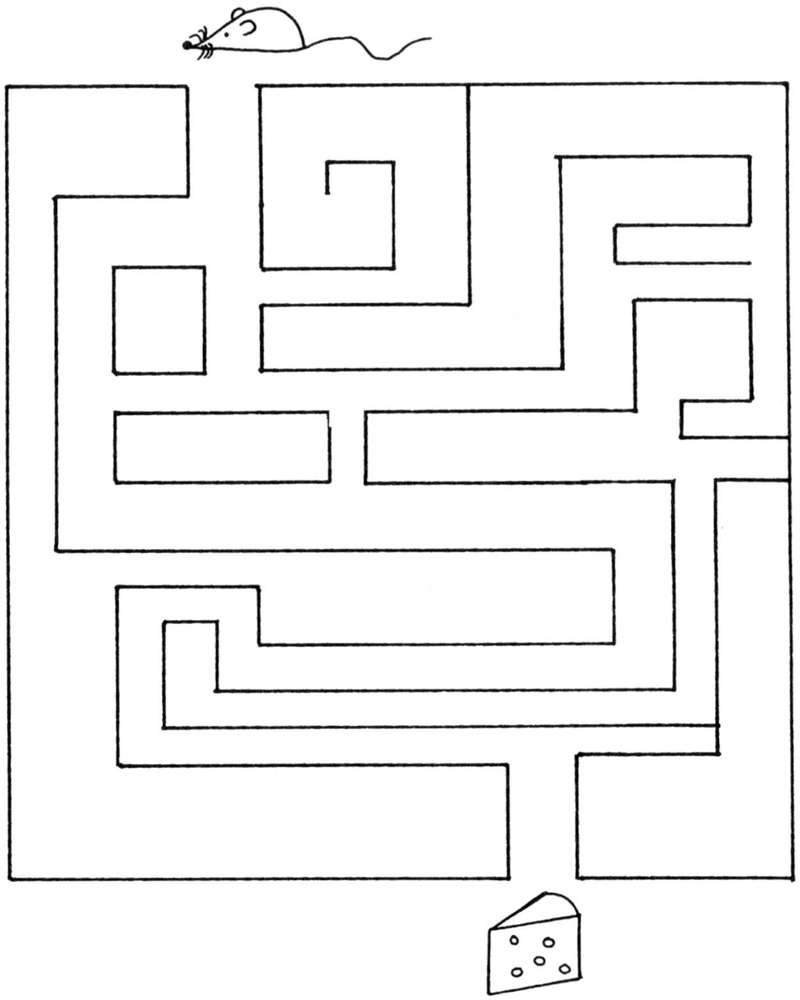

4 Was fällt aus der Reihe?

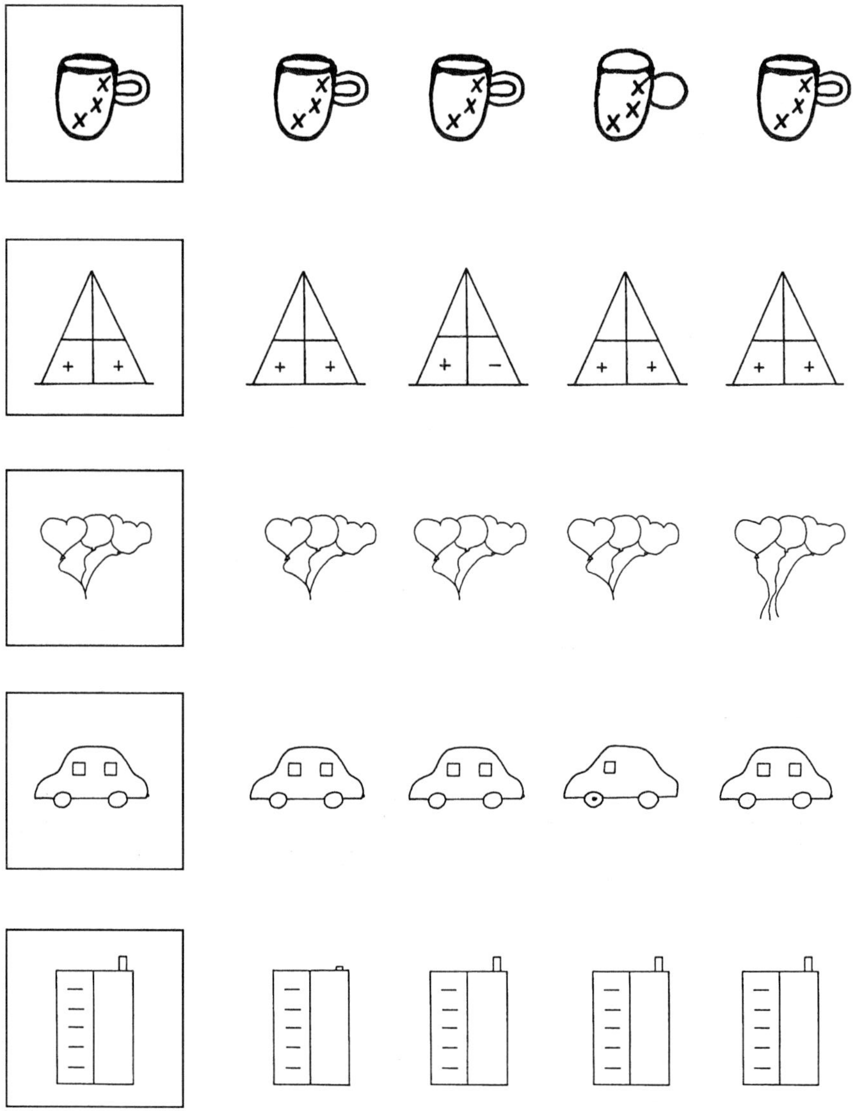

4 Was fällt aus der Reihe?

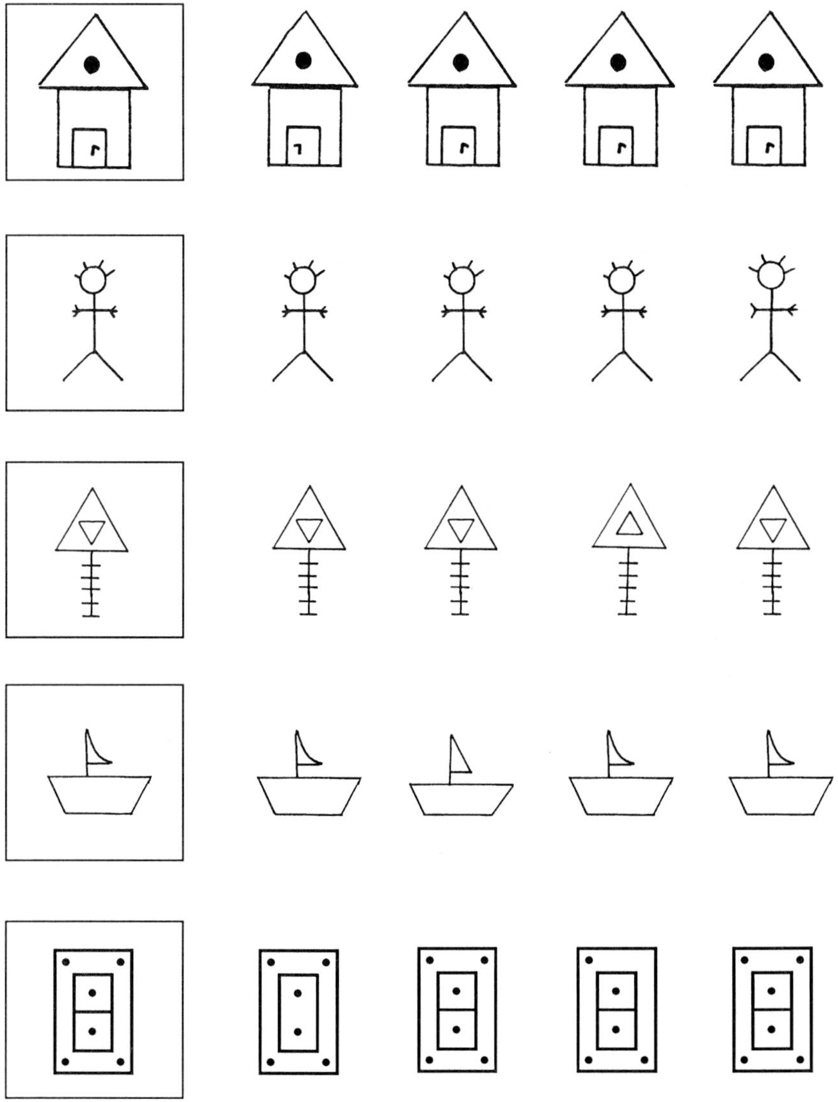

4 Was fällt aus der Reihe?

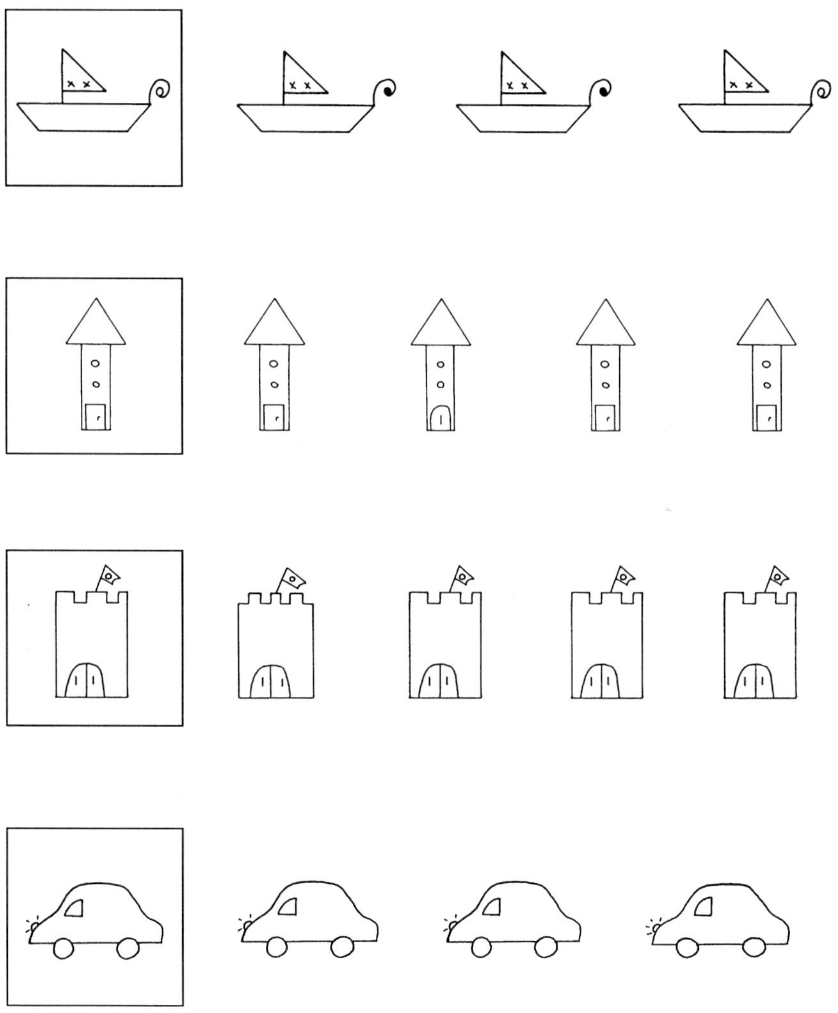

4 Was fällt aus der Reihe?

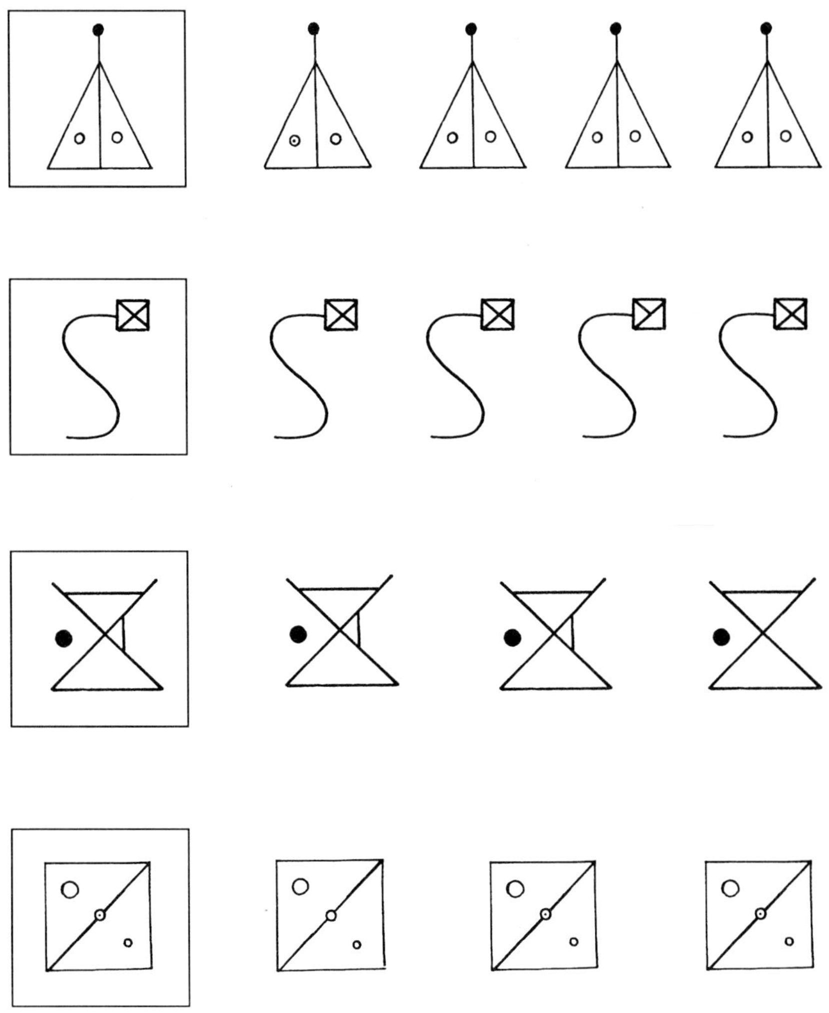

⑤ Welche Fahnen sind gleich?

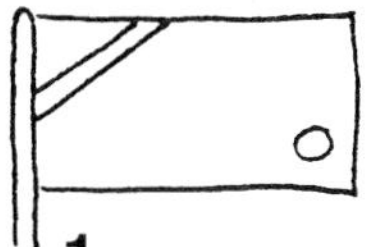
1

2

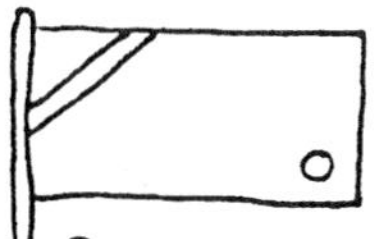
3

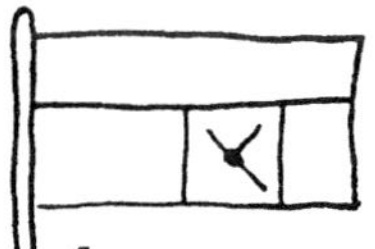
4

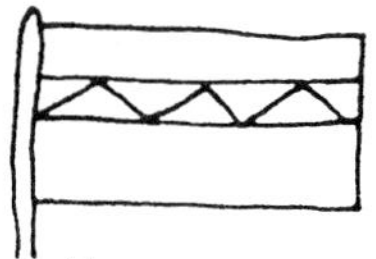
5

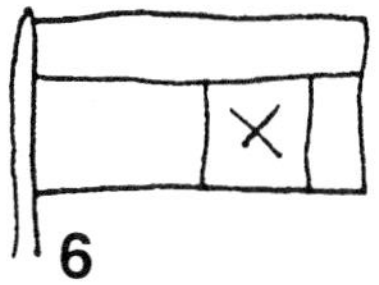
6

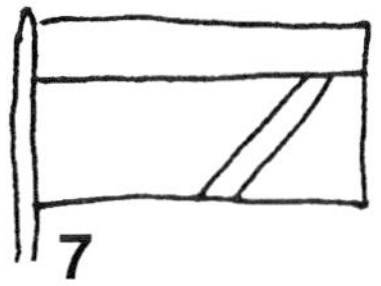
7

8

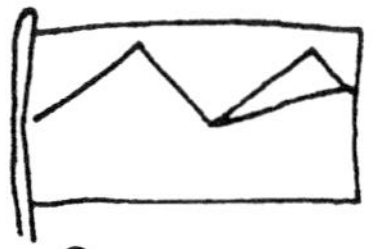
9

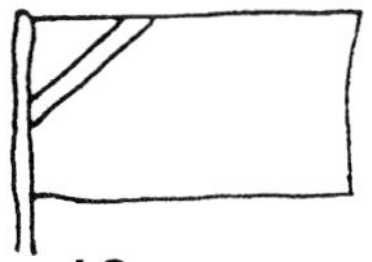
10

⑤ Welche Fahnen sind gleich?

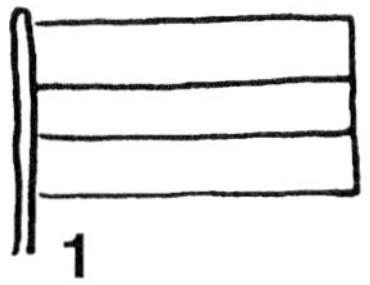
1

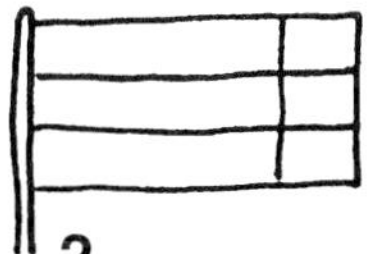
2

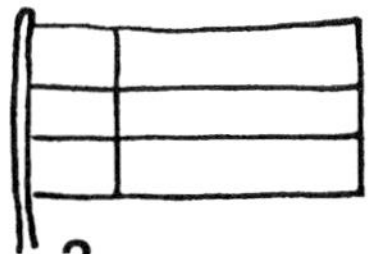
3

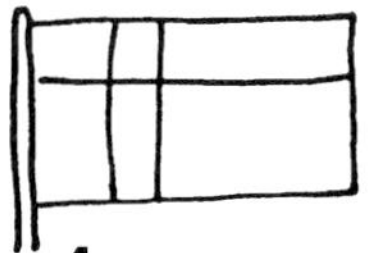
4

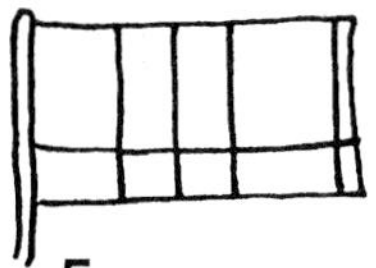
5

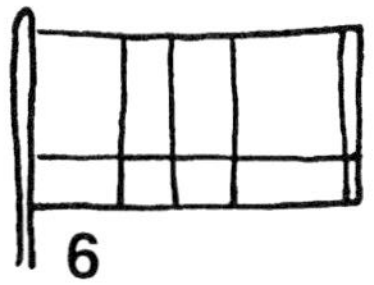
6

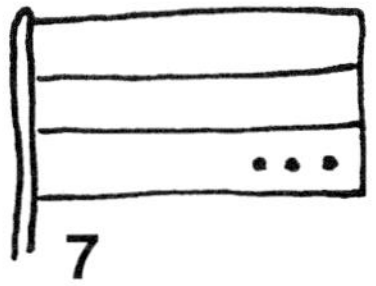
7

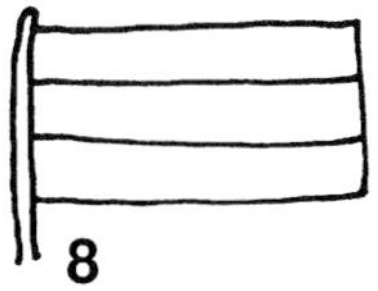
8

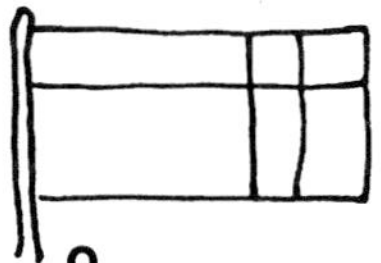
9

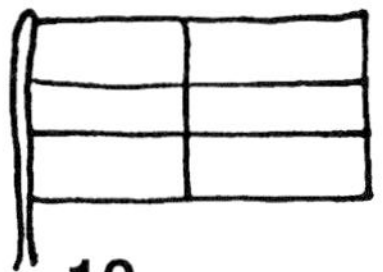
10

5 Welche Fahnen sind gleich?

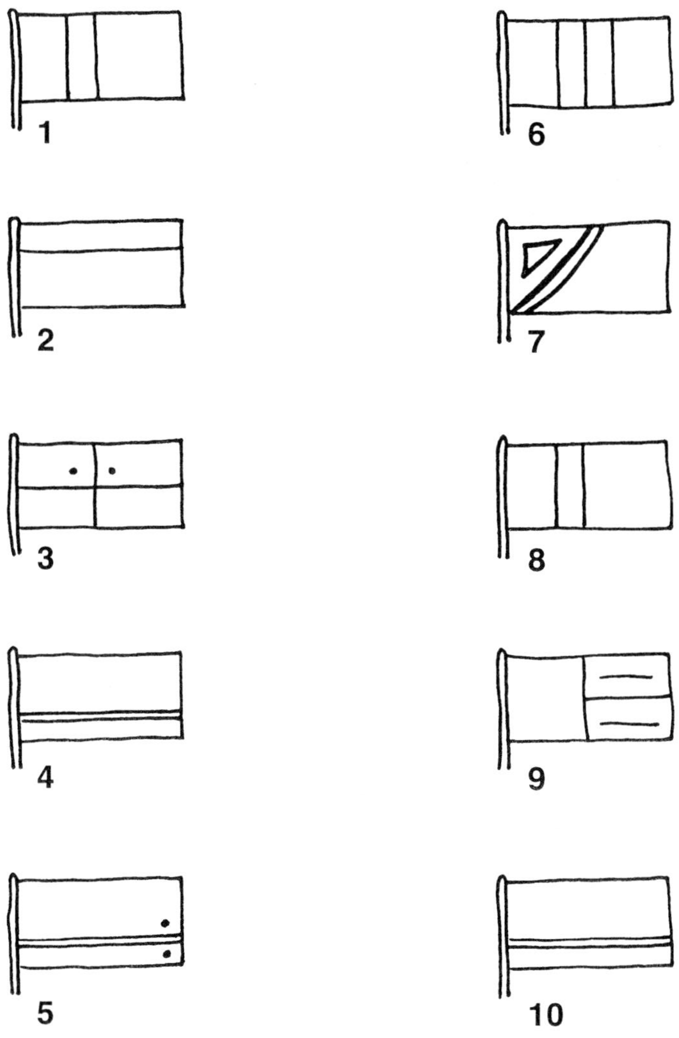

5 Welche Fahnen sind gleich?

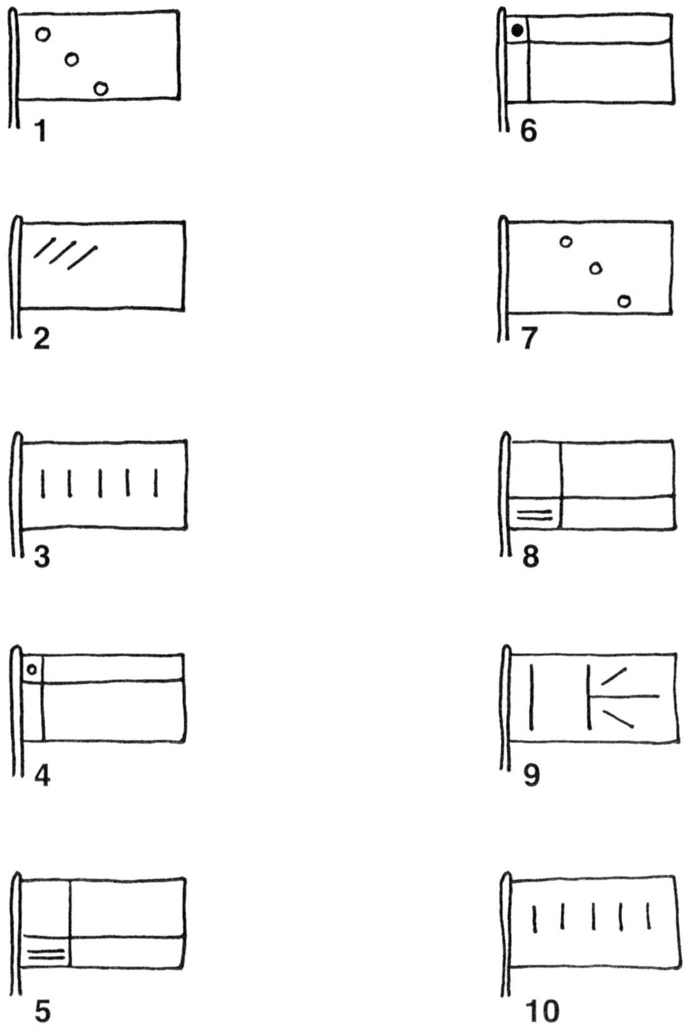

6 **Finde die Unterschiede.**
Male das Bild aus!

(6) Finde die Unterschiede.
Male das Bild aus!

6 Finde die Unterschiede.

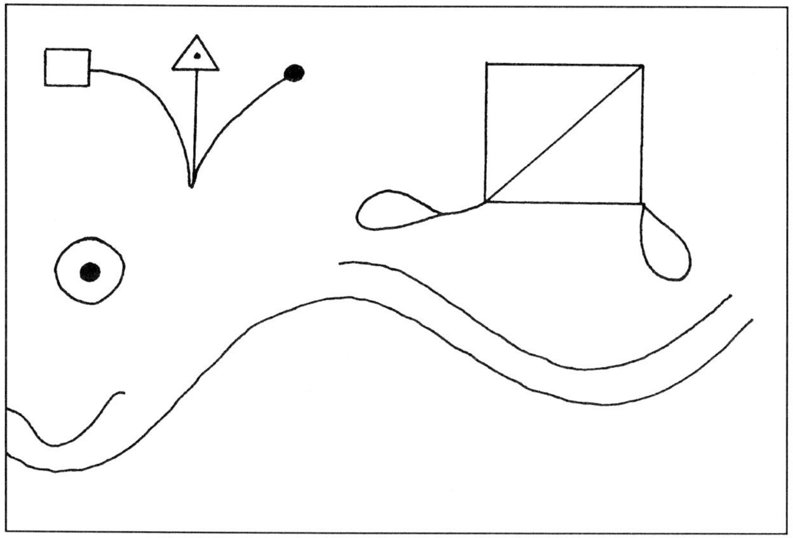

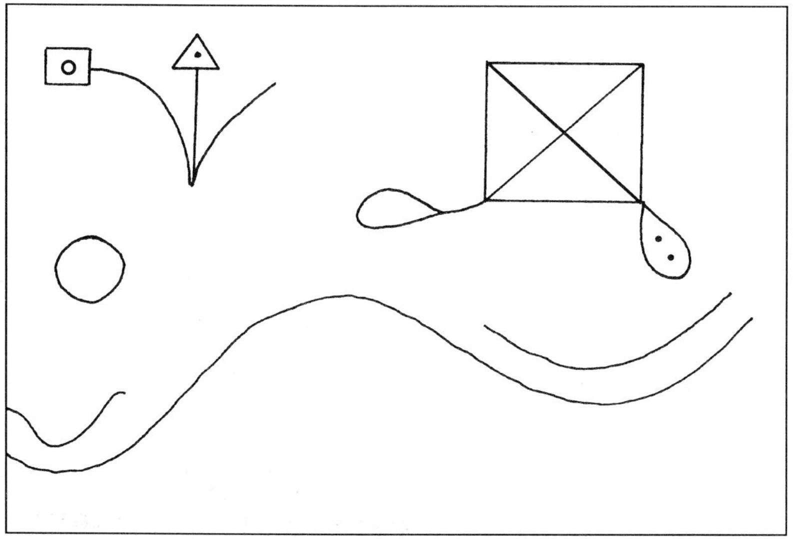

6 Finde die Unterschiede.

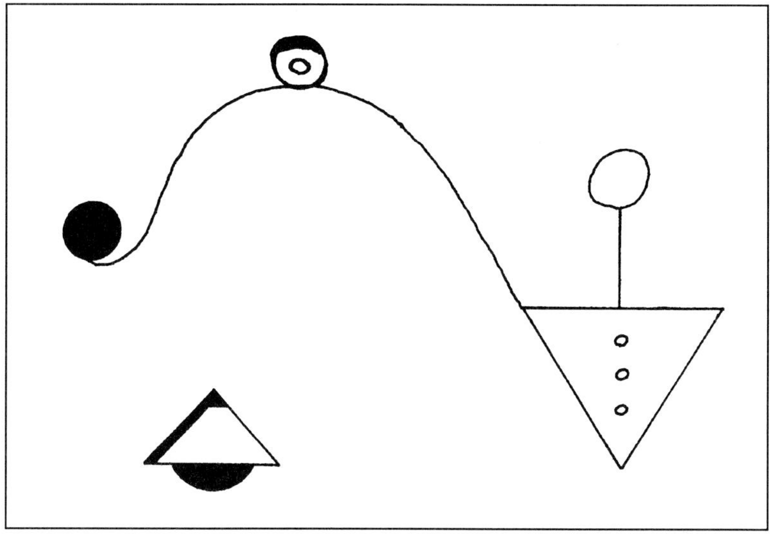

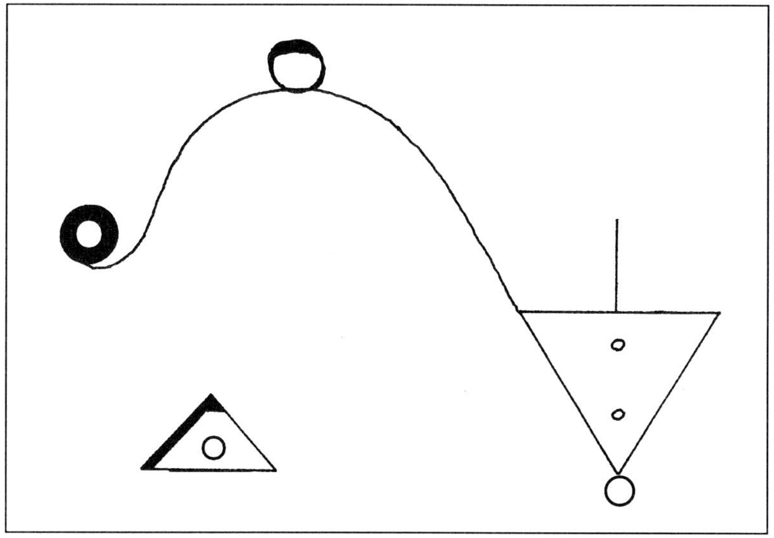

© VERLAG AN DER RUHR, POSTFACH 10 22 51, 45422 MÜLHEIM AN DER RUHR

KONZENTRATIONSTRAINING IM 1. UND 2. SCHULJAHR

6 **Finde die Unterschiede.**
Male das Bild aus!

7 Verbinde die Zeichen, die gleich sind!

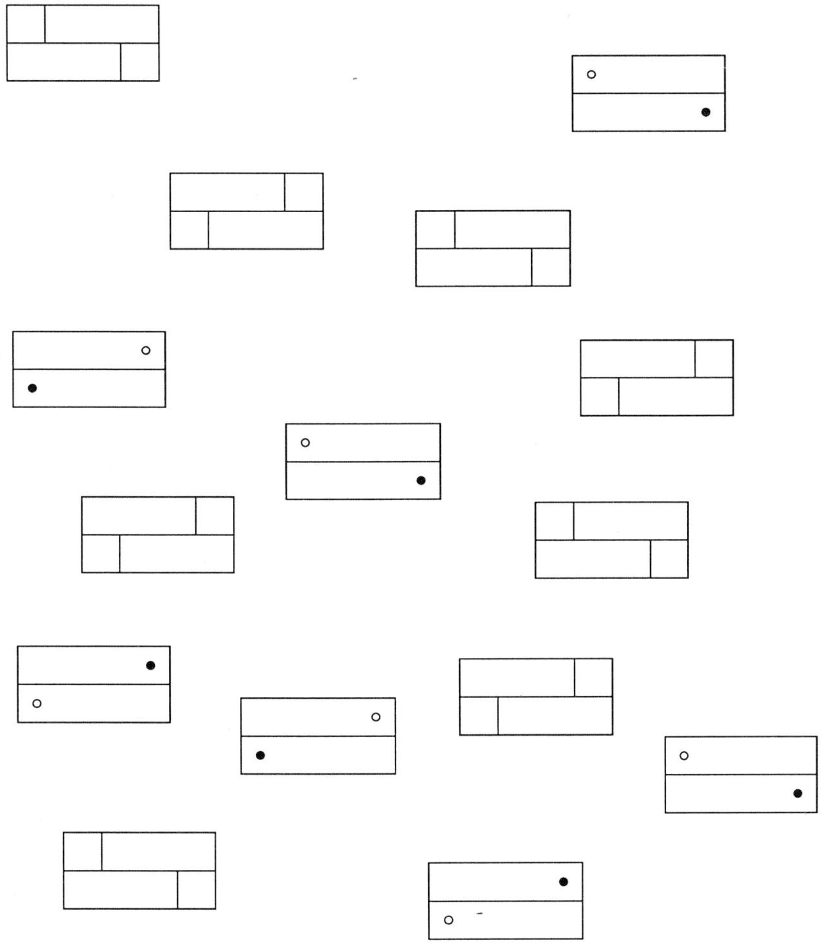

7 Verbinde die Zeichen, die gleich sind!

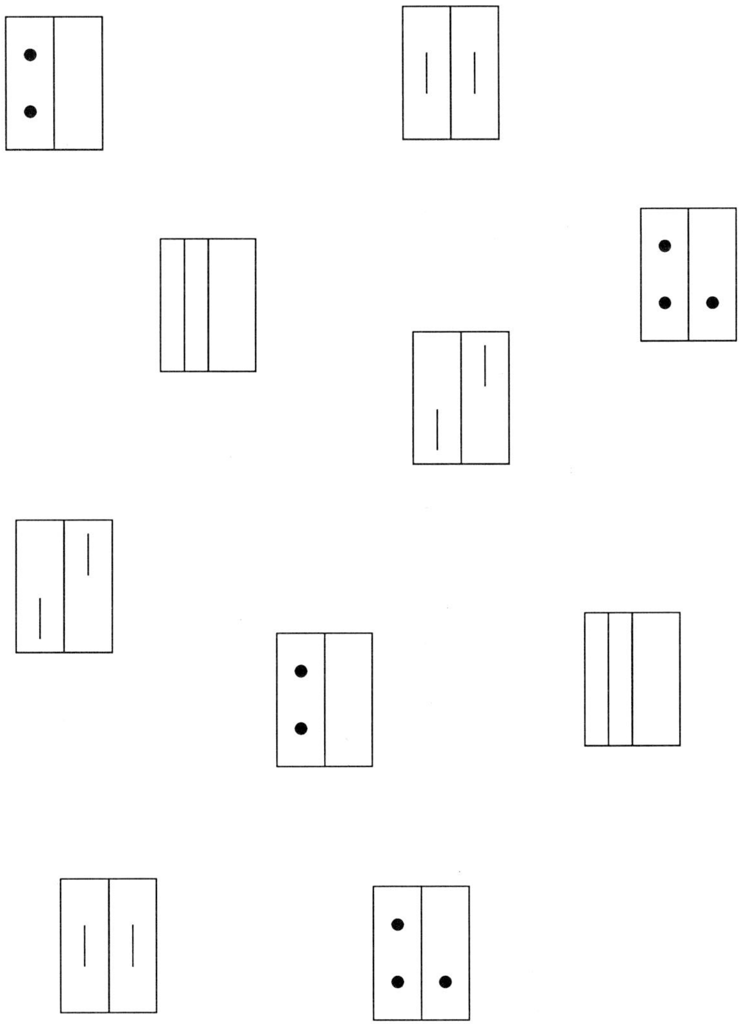

7 Verbinde die Zeichen, die gleich sind!

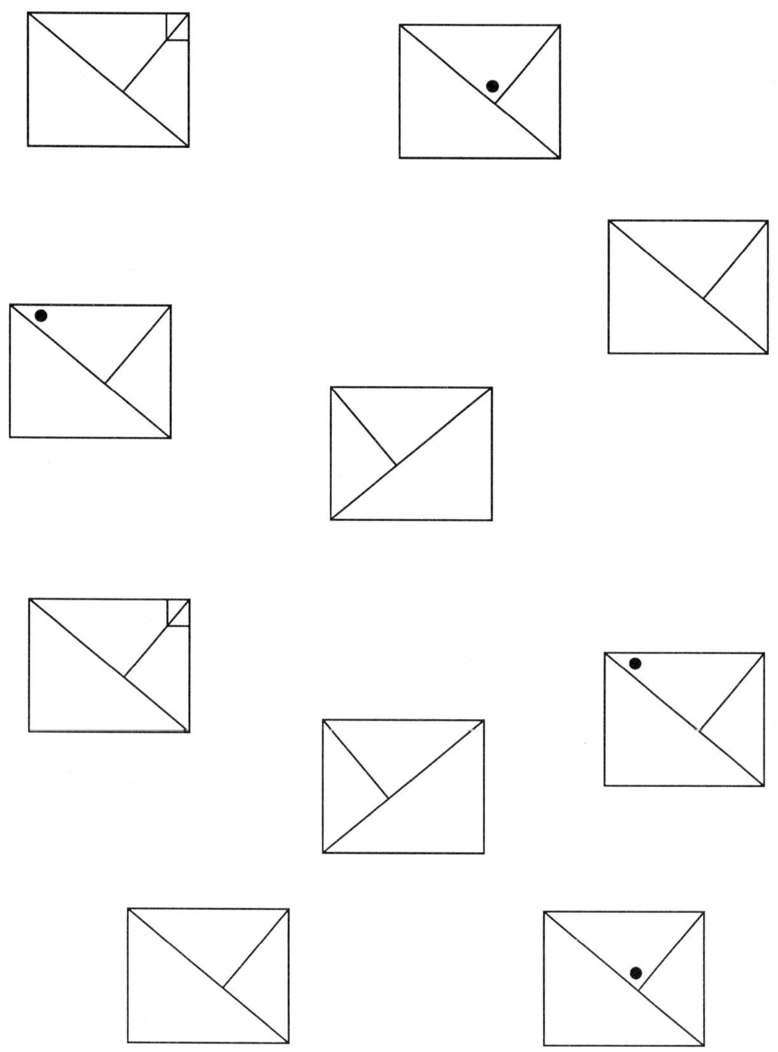

7 Verbinde die Zeichen, die gleich sind!

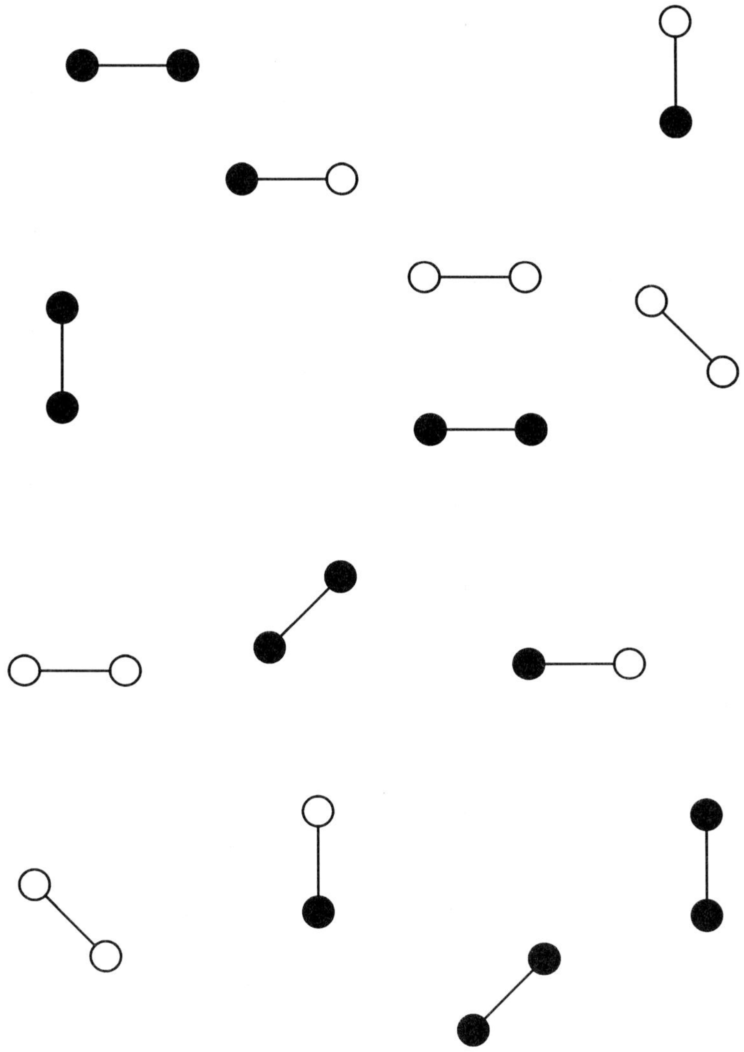

8 Zeichne die Bilder ab!

8 Zeichne die Bilder ab!

8 Zeichne die Bilder ab!

9 Schau dir die Zeichen an!
Decke sie ab.
Zeichne sie in die Kästchen.

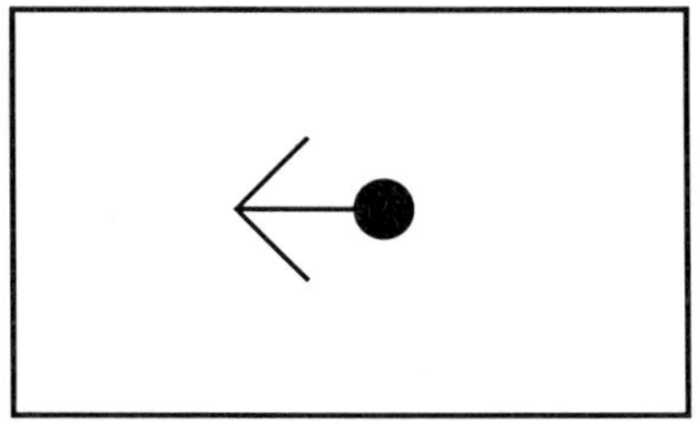

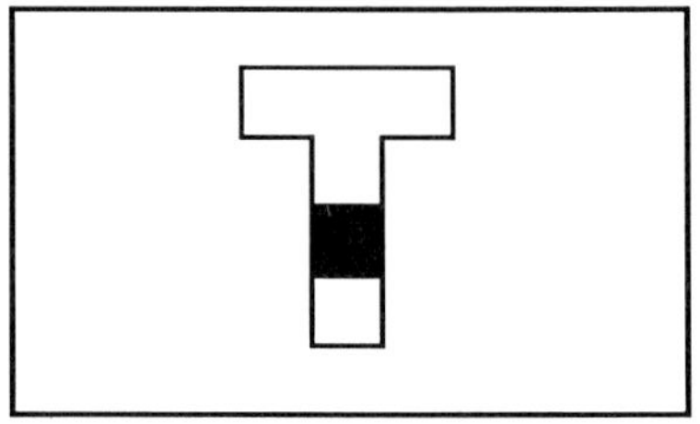

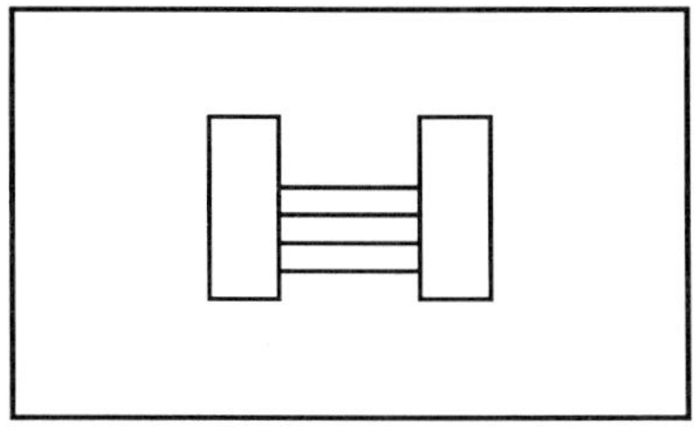

9 Schau dir die Zeichen an!
Decke sie ab.
Zeichne sie in die Kästchen.

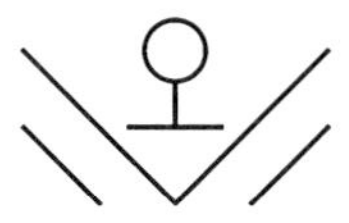

9 Schau dir die Zeichen an!
Decke sie ab.
Zeichne sie in die Kästchen.

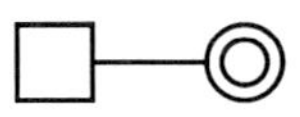

© VERLAG AN DER RUHR, POSTFACH 10 22 51, 45422 MÜLHEIM AN DER RUHR

KONZENTRATIONSTRAINING IM 1. UND 2. SCHULJAHR

(10) Male die Bilder fertig!

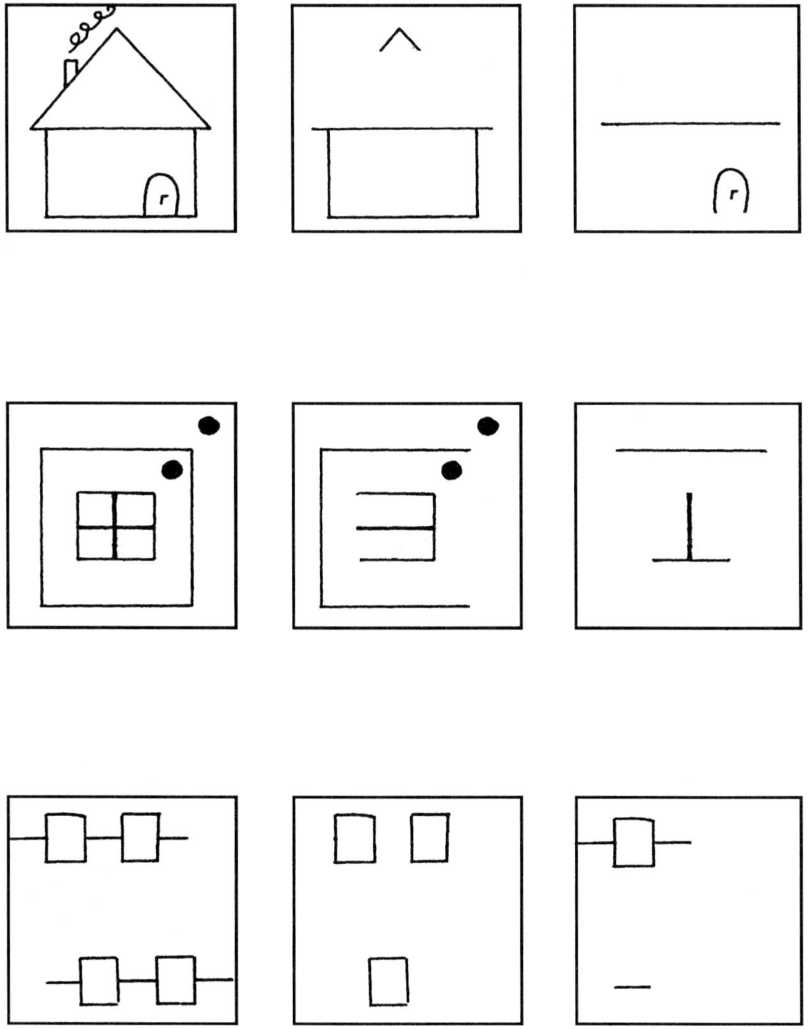

(10) Male die Bilder fertig!

(10) Male die Bilder fertig!

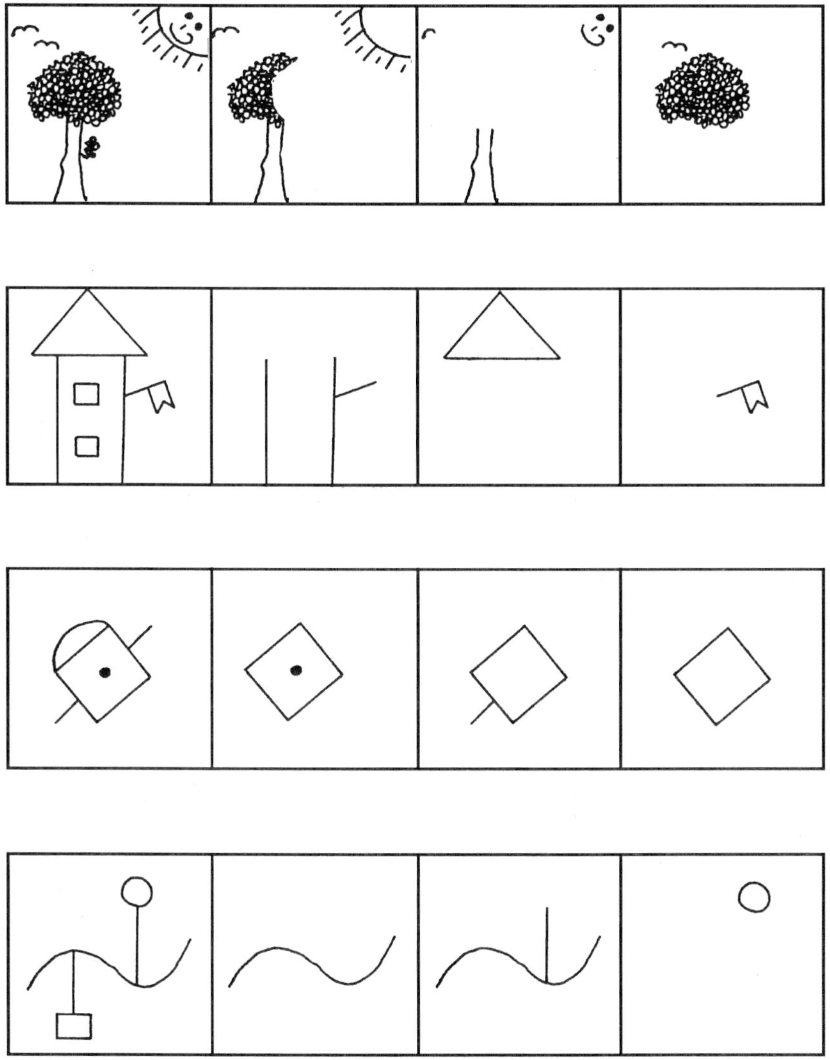

(10) Male die Bilder fertig!

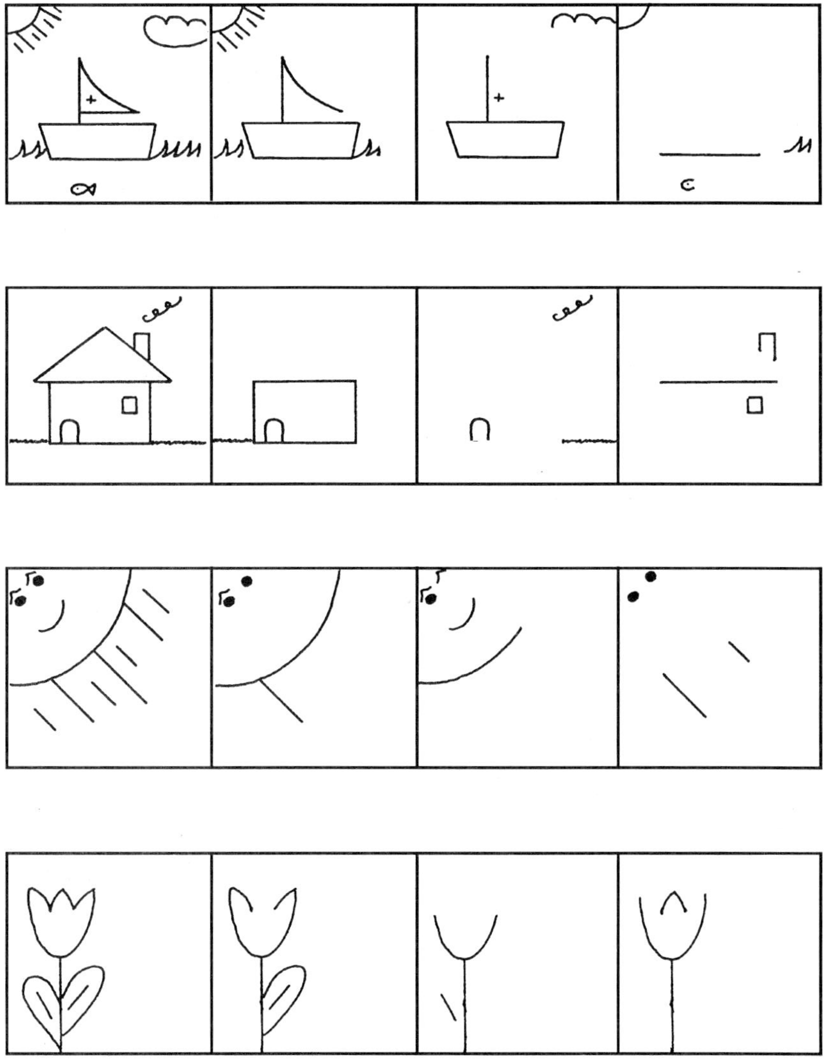

© VERLAG AN DER RUHR, POSTFACH 10 22 51, 45422 MÜLHEIM AN DER RUHR

KONZENTRATIONSTRAINING IM 1. UND 2. SCHULJAHR

(11) Welcher Buchstabe gehört zu welcher Zahl?

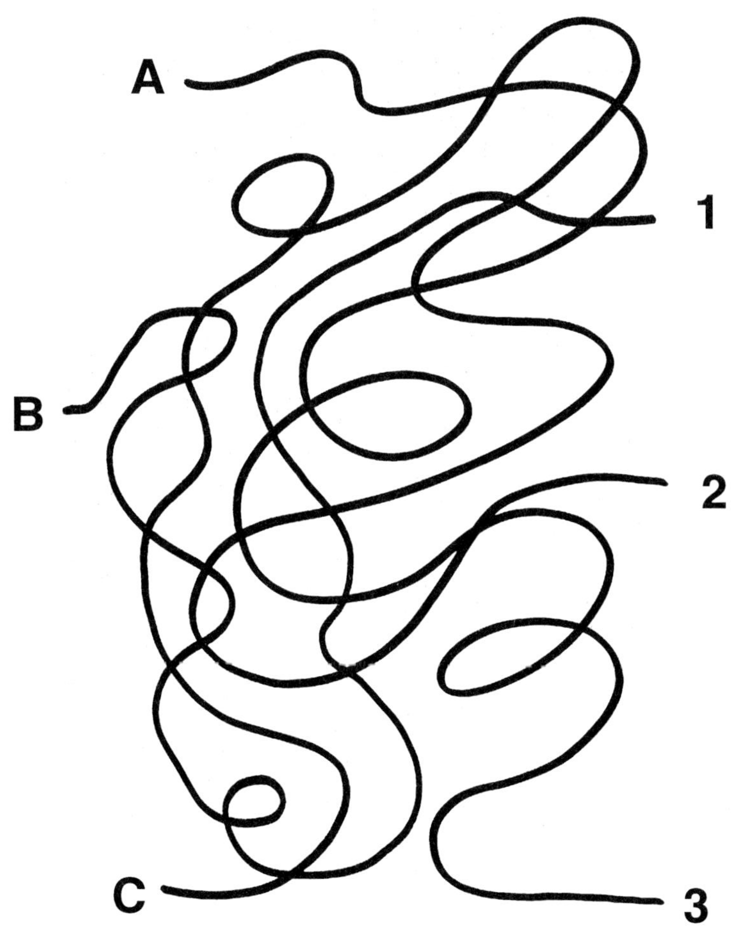

(11) Welcher Buchstabe gehört zu welcher Zahl?

© VERLAG AN DER RUHR, POSTFACH 10 22 51, 45422 MÜLHEIM AN DER RUHR

KONZENTRATIONSTRAINING IM 1. UND 2. SCHULJAHR

(11) Welcher Buchstabe gehört zu welcher Zahl?

A B C

1 2 3

(11) Welches Kind pflückt welche Blume?

(11) Verfolge die Linie mit den Augen!

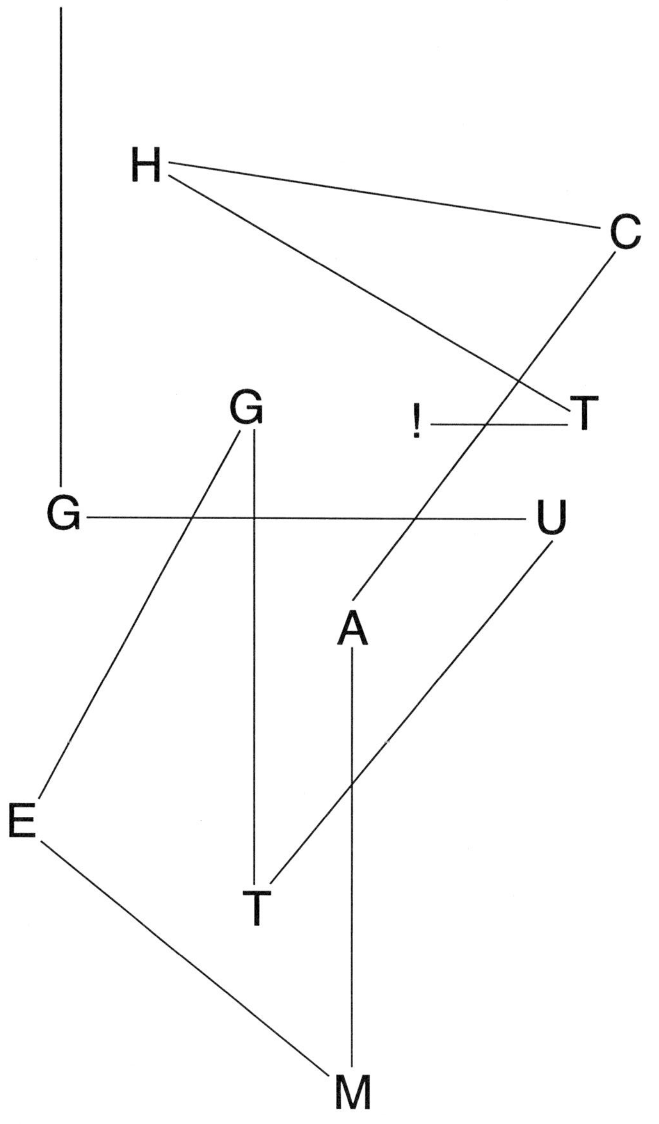

(11) Welches Mädchen spielt mit welchem Jungen?

12 Welche Zeichen schließen die Lücken?

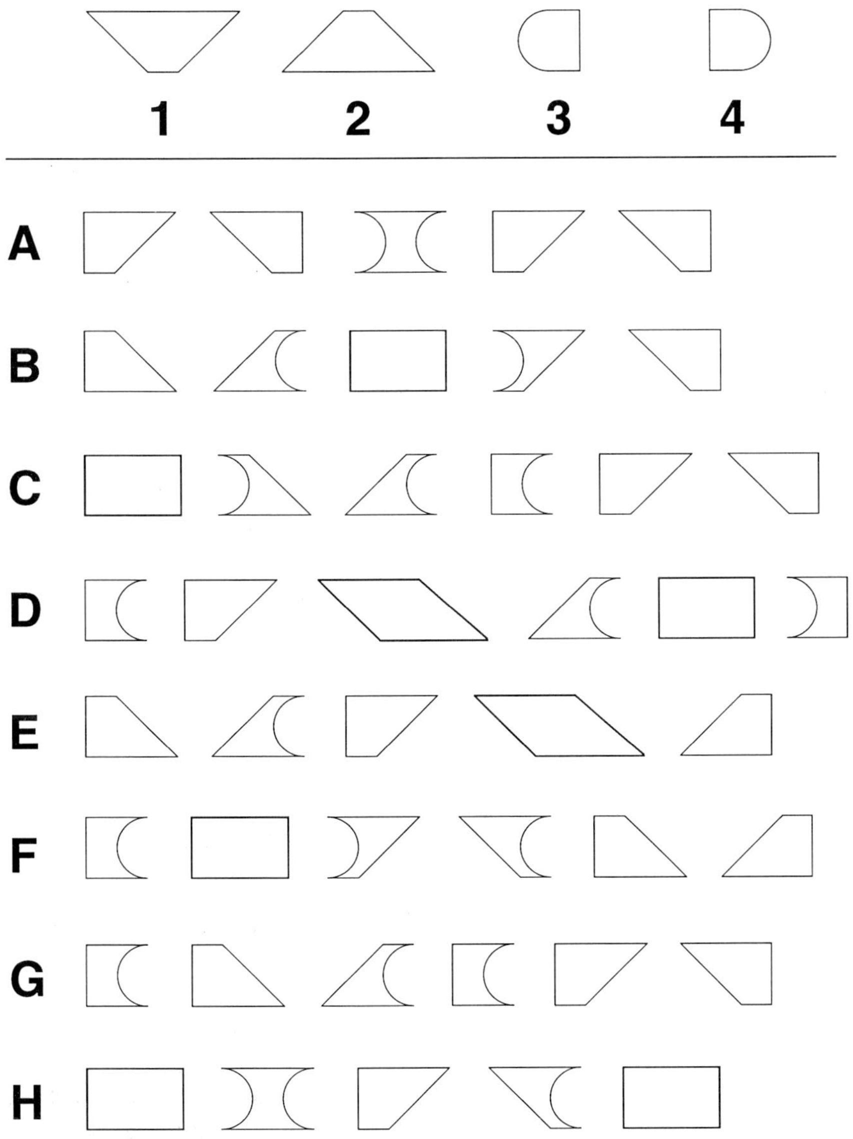

12 Welche Zeichen schließen die Lücken?

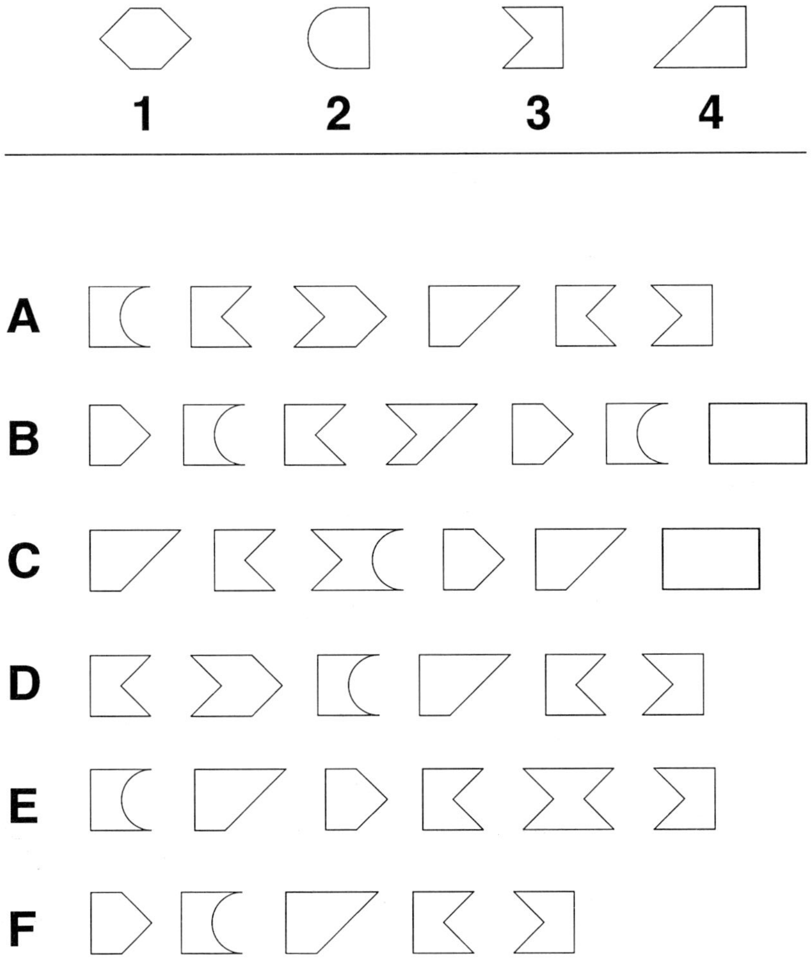

(12) Welche Zeichen schließen die Lücken?

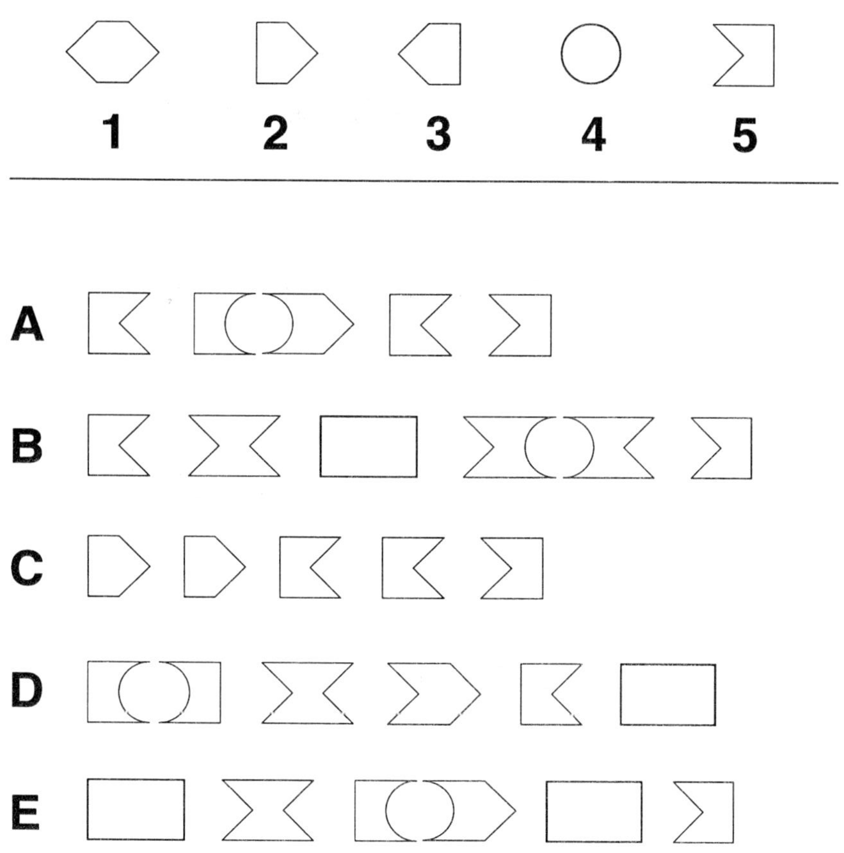

(12) Welche Zeichen schließen die Lücken?

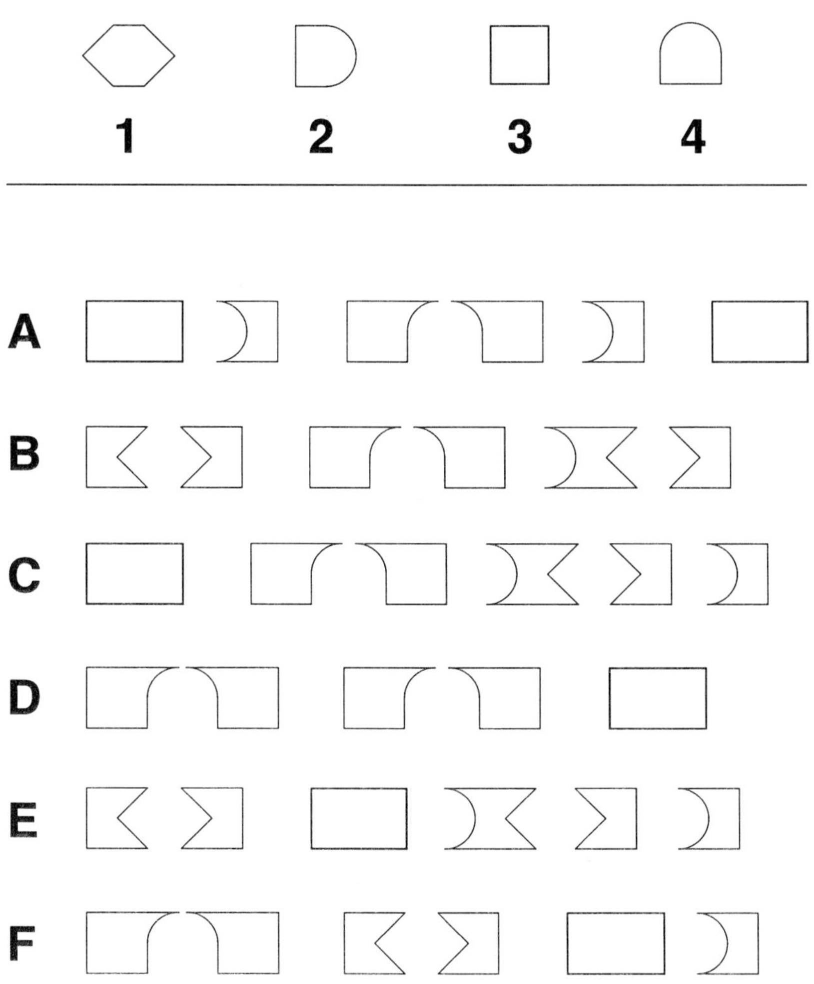

13 Lies die Wörter!

TISCH

FENSTER

ZOO

ELEFANT

LATERNE

13 Lies die Wörter!

EISENBAHN

HUND

KATZE

VOGEL

HIMMEL

13 Lies die Wörter!

MILCH

LÖWENZAHN

STRASSENBAHN

SONNE

GARTEN

13 Lies die Wörter!

TANNE

HUNGER

BROT

KINDERGARTEN

KANINCHEN

(14) Setze die Muster fort!

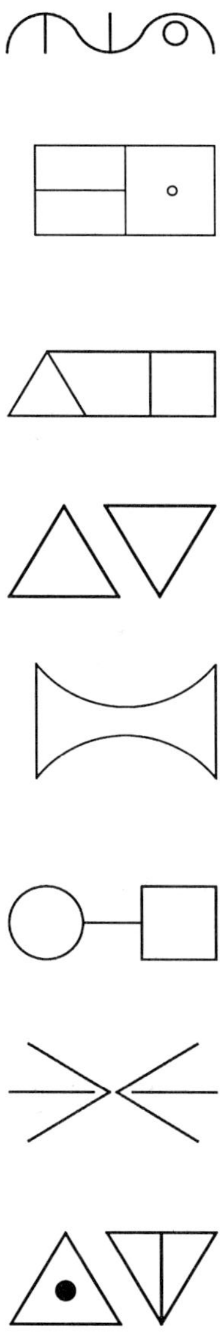

(14) Setze die Muster fort!

1••2••

C – \

XXO

© VERLAG AN DER RUHR, POSTFACH 10 22 51, 45422 MÜLHEIM AN DER RUHR

KONZENTRATIONSTRAINING IM 1. UND 2. SCHULJAHR

(14) Setze die Muster fort!

(14) Setze die Muster fort!

A|B|A

1 2 •••

(14) Setze die Muster fort!

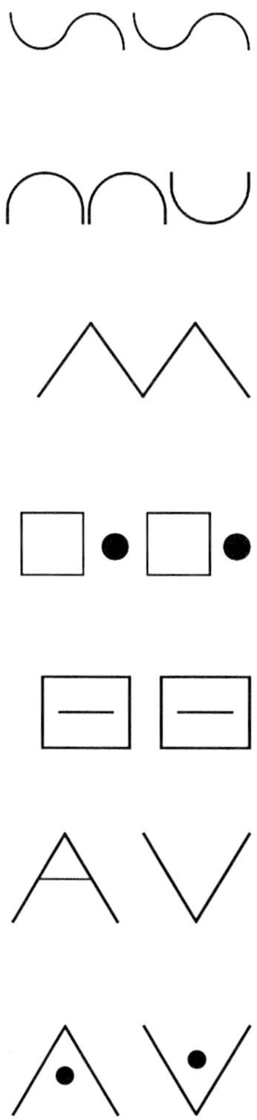

(14) Setze die Muster fort!

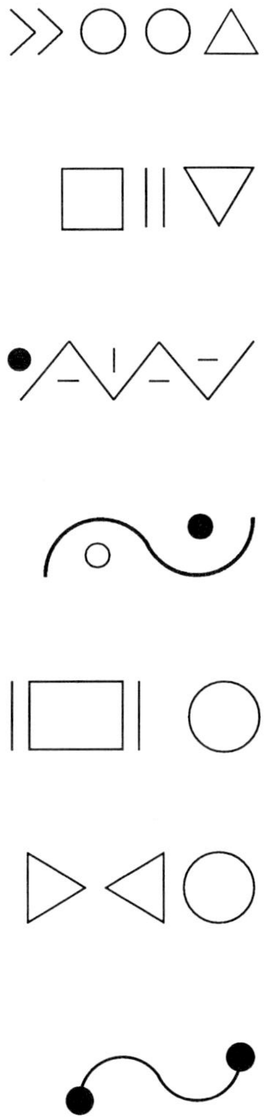

(15) Folge dem Steg mit einem Stift!

(15) Folge dem Steg mit einem Stift!

15 Folge dem Steg mit einem Stift!

15 Folge dem Steg mit einem Stift!

(15) Folge dem Steg mit einem Stift!

(15) Folge dem Steg mit einem Stift!

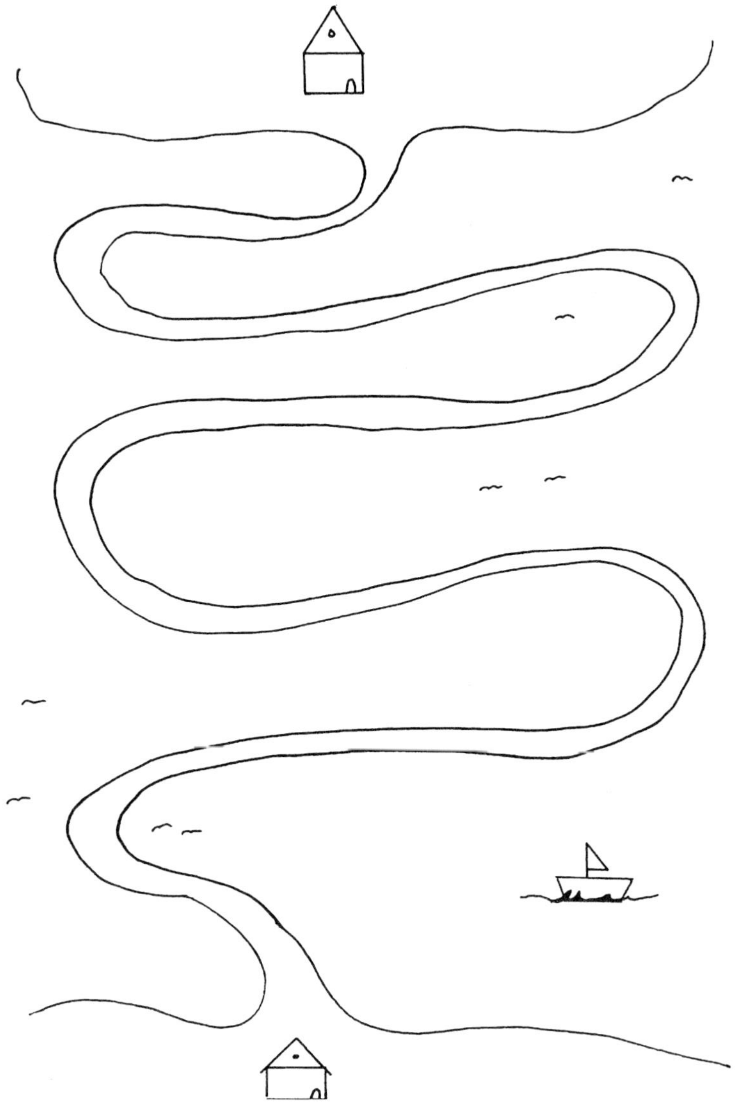

KONZENTRATIONSTRAINING IM 1. UND 2. SCHULJAHR

(16) Male Segel, die nach rechts wehen, blau an.

(16) Male Segel, die nach rechts wehen, gelb an.

16 Male Segel, die nach links wehen, gelb an.

16 Male Segel, die nach links wehen, rot an.

17 Beende die Zeichnung!

17 Beende die Zeichnung!

(17) Beende die Zeichnung!

(17) Beende die Zeichnung!

18 Male die zweite Hälfte!

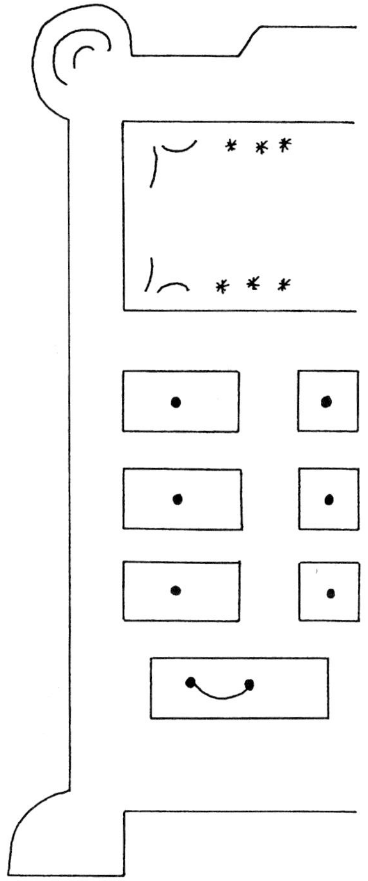

18 Male die zweite Hälfte!

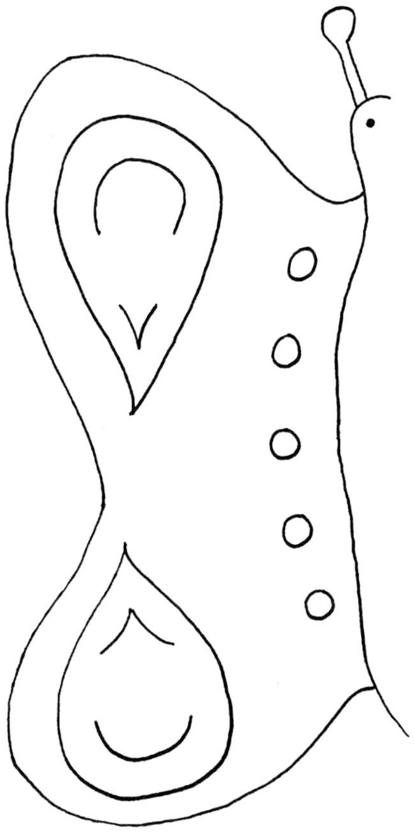

(18) Male die zweite Hälfte!

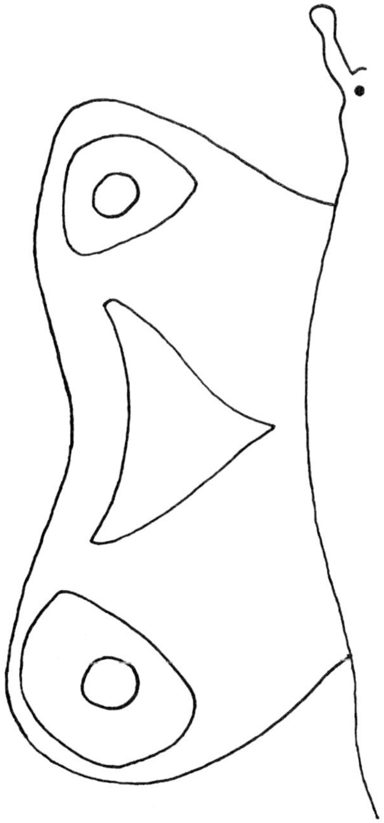

(18) Male die zweite Hälfte!

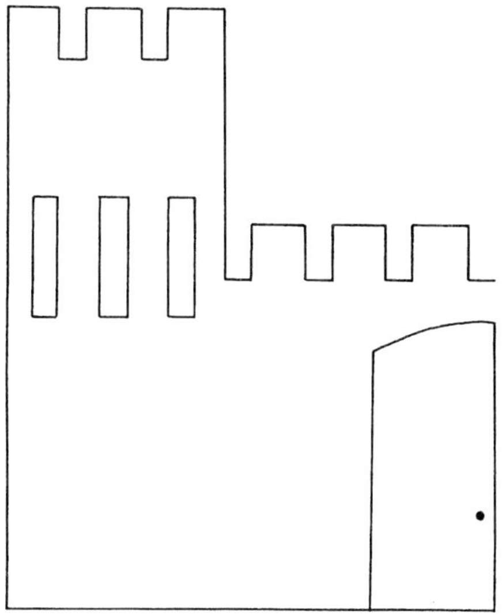

(19) Streiche alle Buchstaben durch!

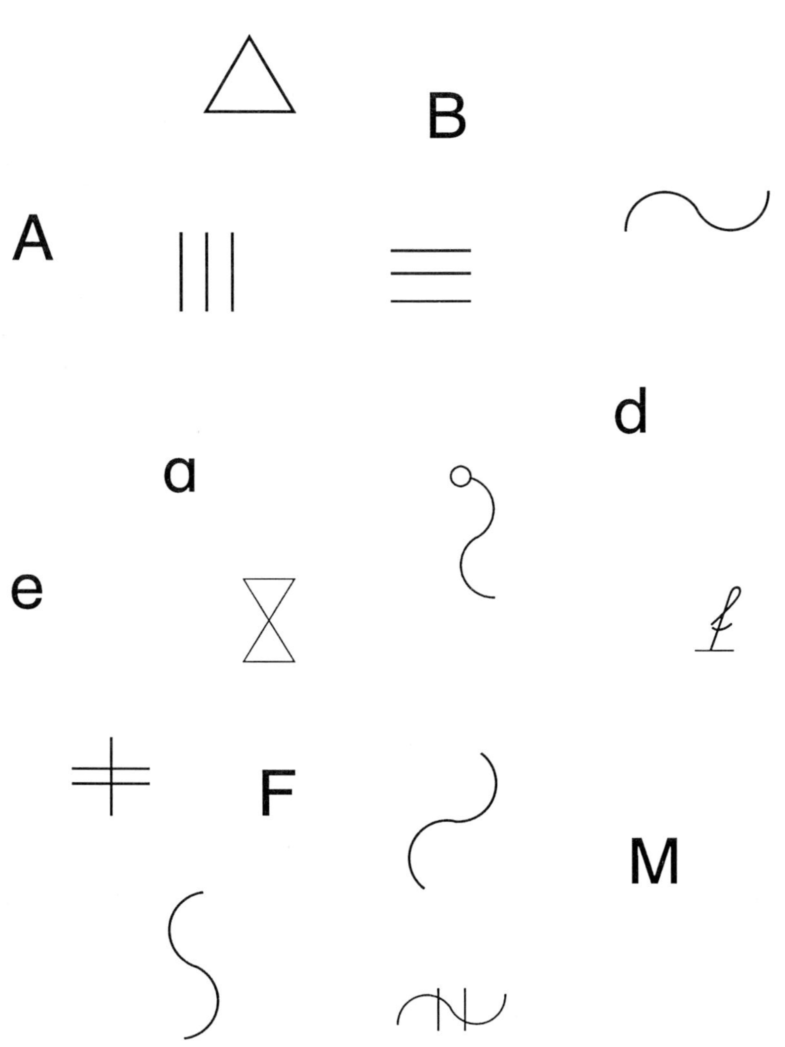

(19) Streiche alle Buchstaben durch!

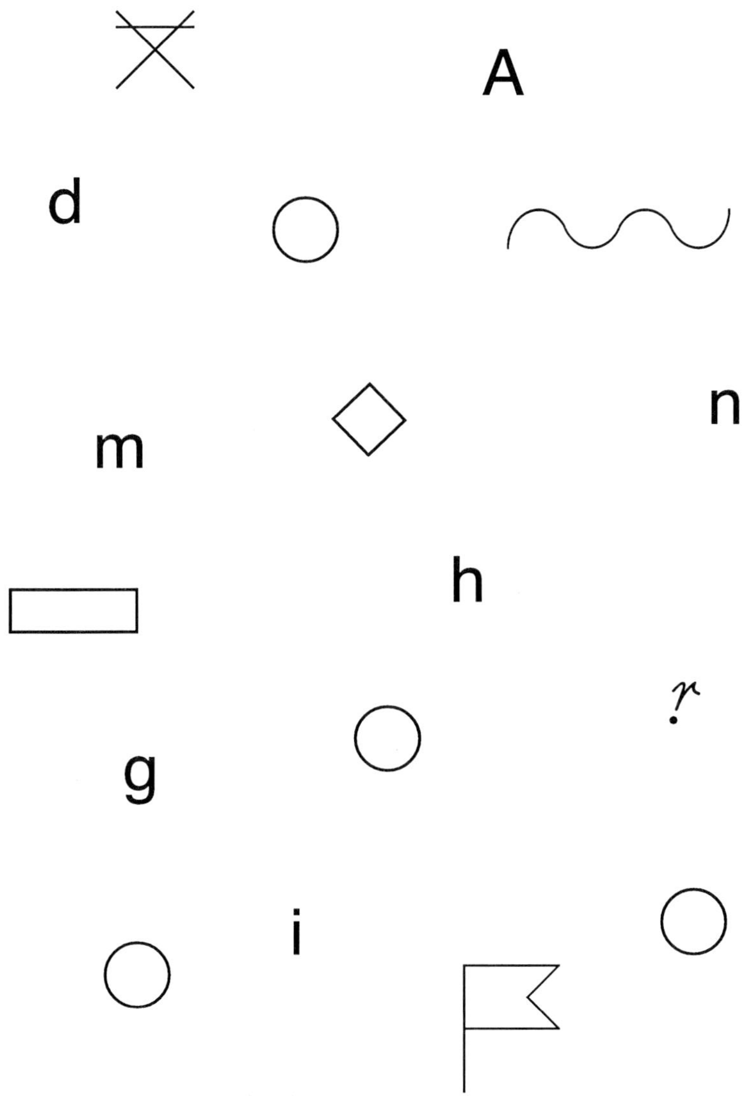

© VERLAG AN DER RUHR, POSTFACH 10 22 51, 45422 MÜLHEIM AN DER RUHR

KONZENTRATIONSTRAINING IM 1. UND 2. SCHULJAHR

(19) Streiche alle Buchstaben durch!

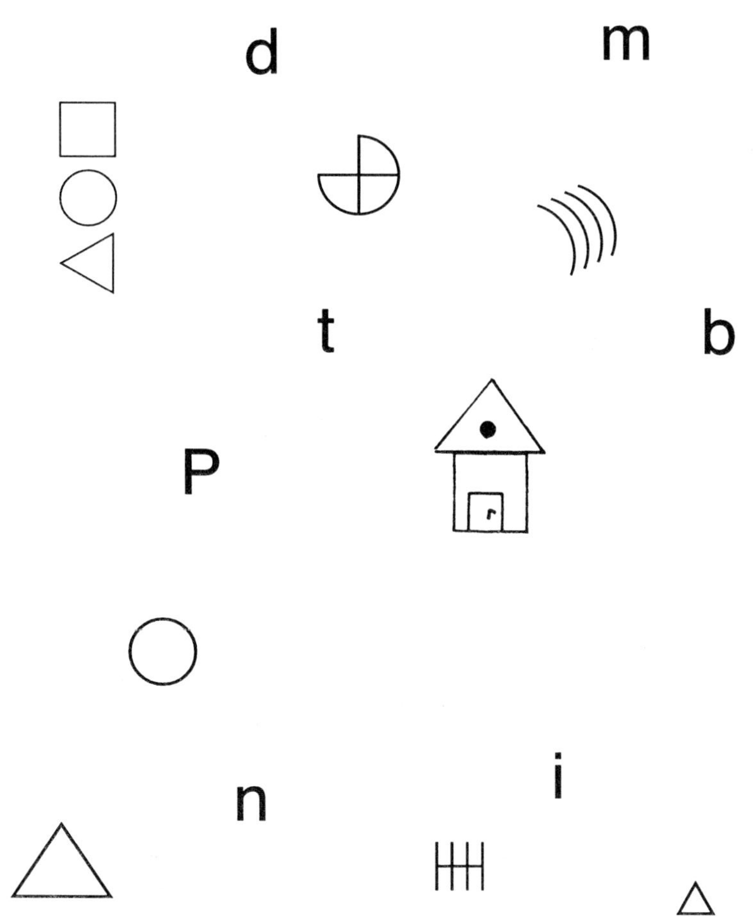

(19) Streiche alle Buchstaben durch!

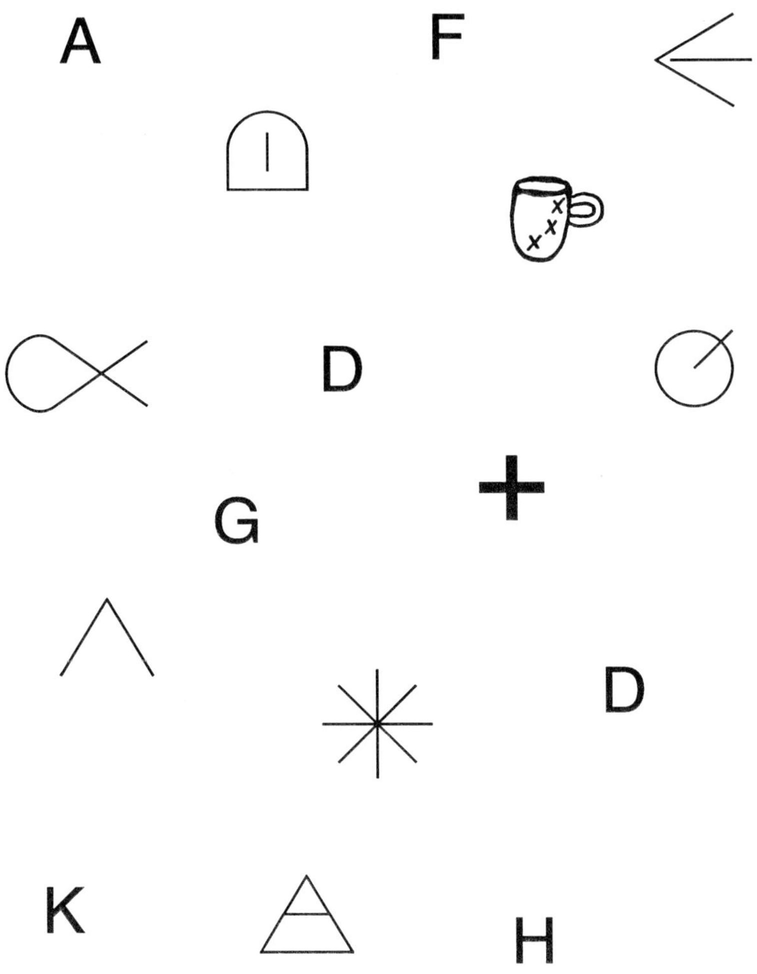

20 Vervollständige die Zeichen!

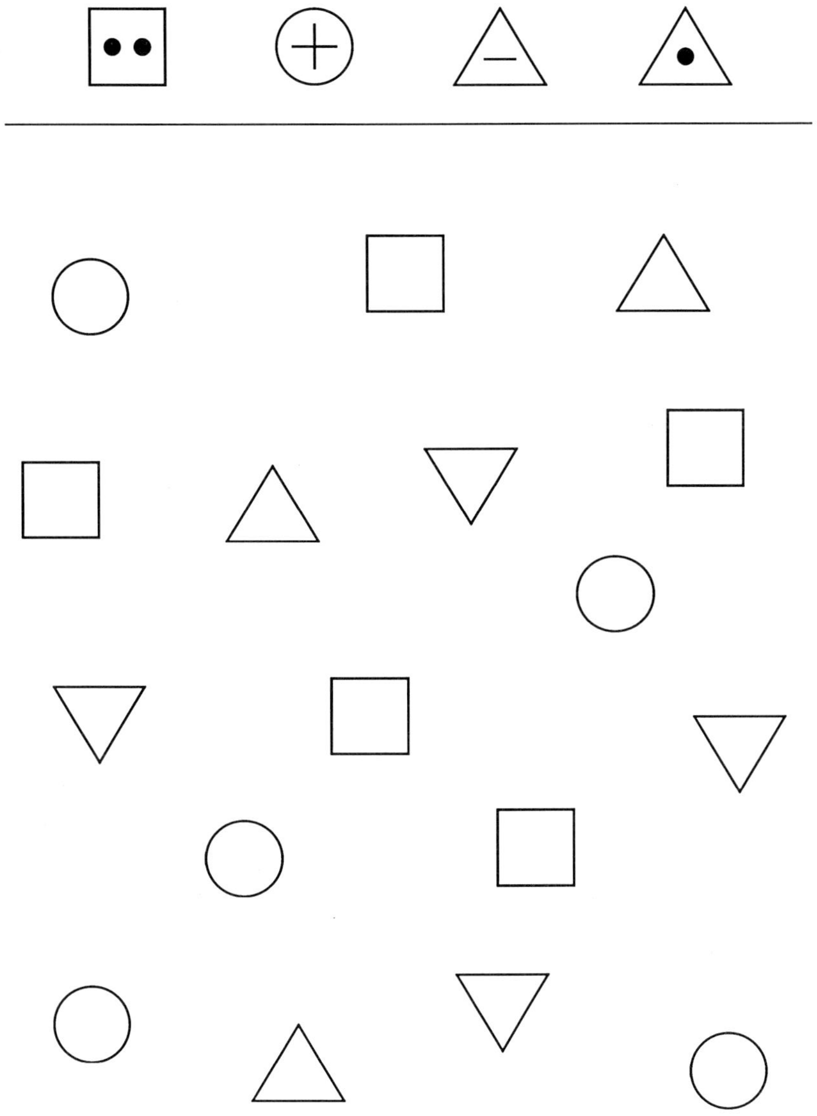

20 Vervollständige die Zeichen!

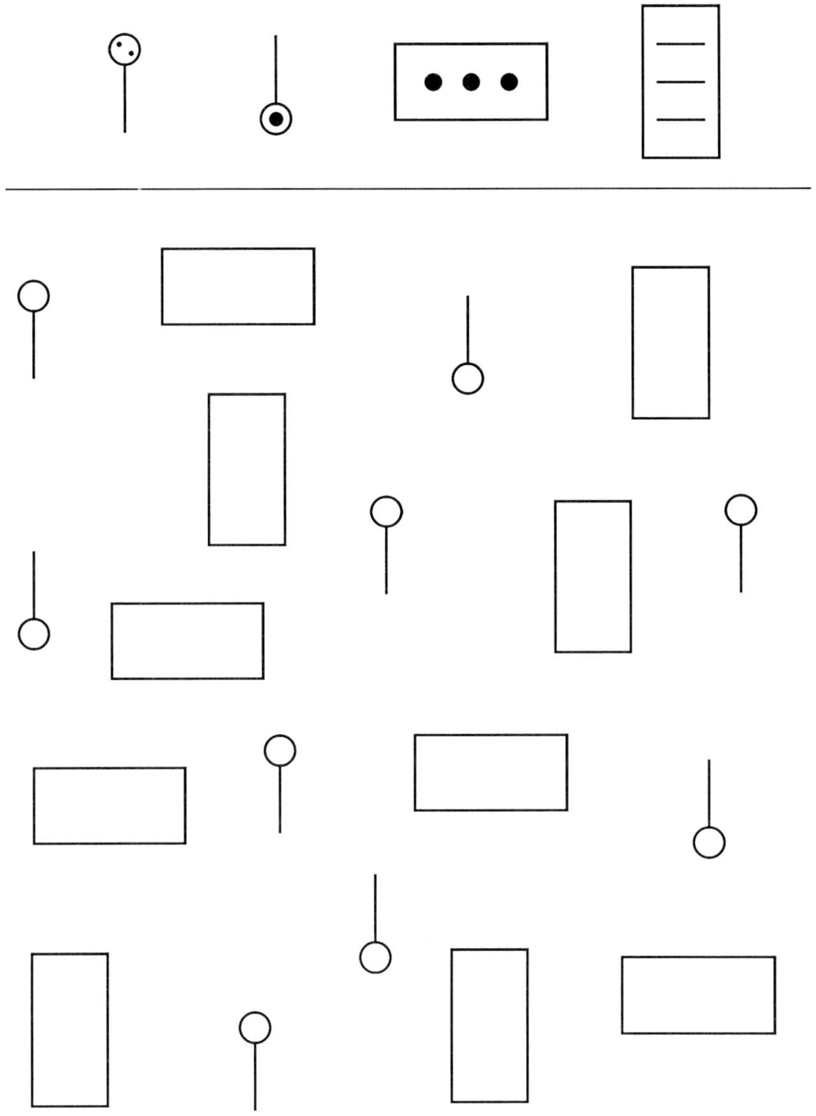

© VERLAG AN DER RUHR, POSTFACH 10 22 51, 45422 MÜLHEIM AN DER RUHR

KONZENTRATIONSTRAINING IM 1. UND 2. SCHULJAHR

20 Vervollständige die Zeichen!

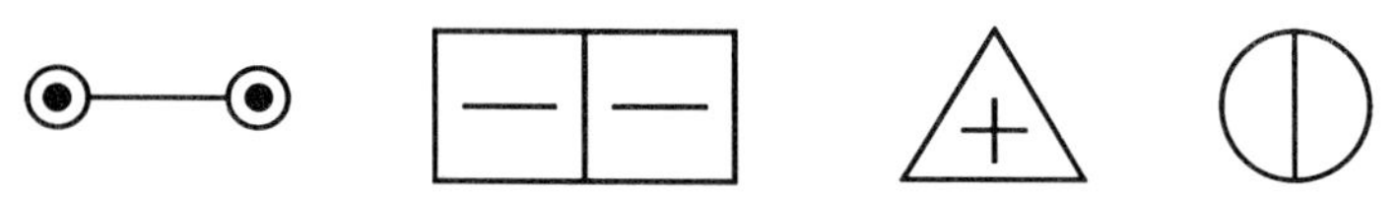

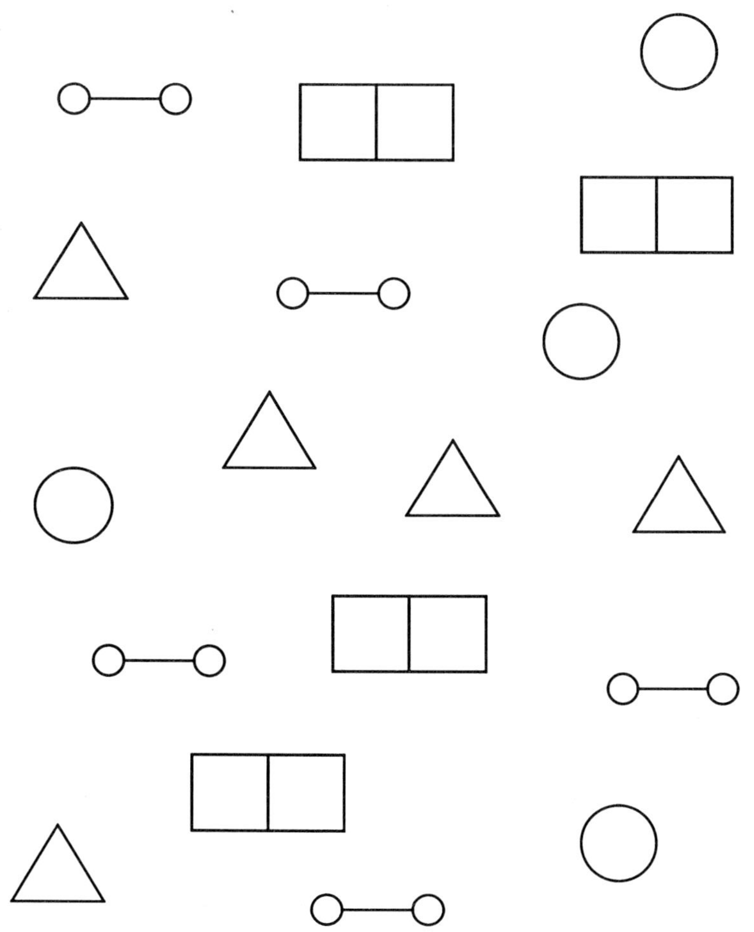

20 Vervollständige die Zeichen!

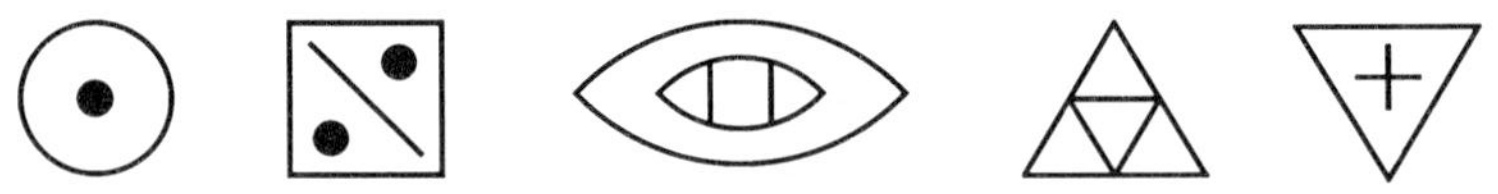

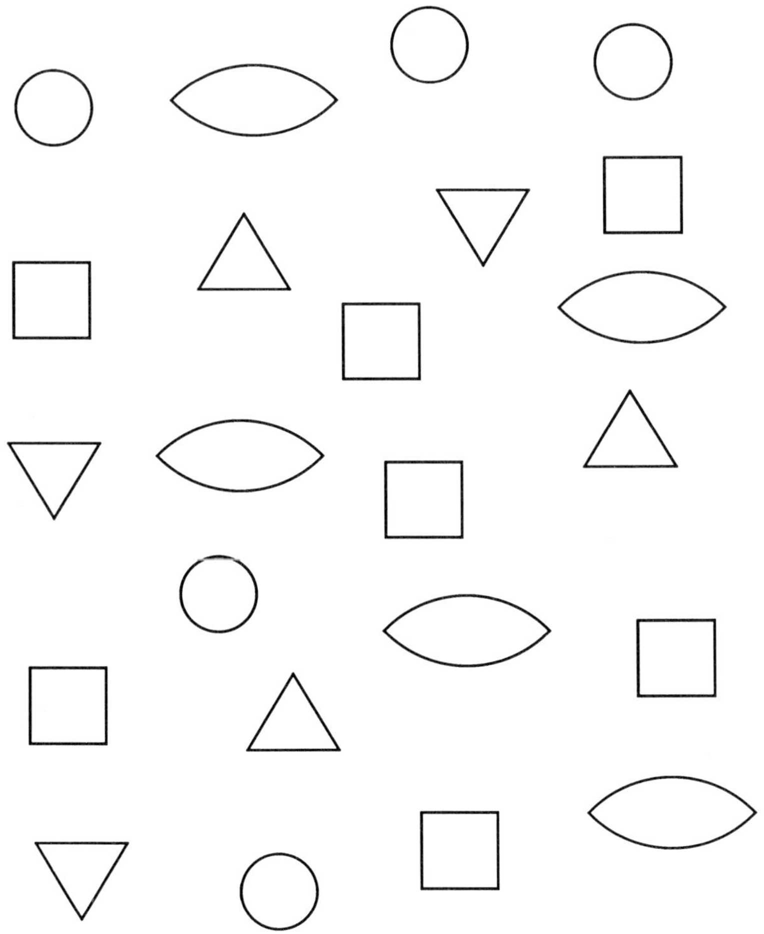

21 Schreibe zu jeder Zahl das passende Zeichen!

1	2	3	4	5

5	2
3	3
4	5
1	4
5	1
2	3
2	2
3	4
5	5
1	2

21 Schreibe zu jedem Buchstaben das passende Zeichen!

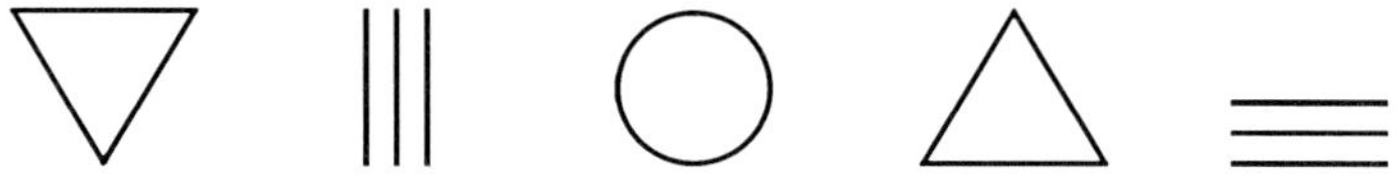

A	B	C	D	E

B	D
E	C
D	B
A	E
C	D
D	B
B	A
A	E
E	C
C	D

21 Schreibe zu jedem Buchstaben das passende Zeichen!

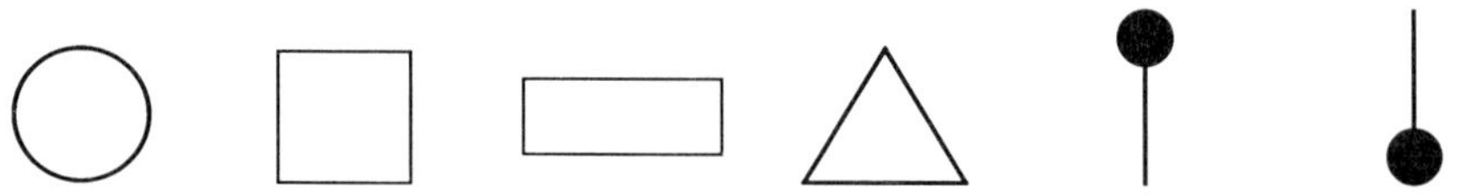

A	D	M	N	P	R

D	P
R	N
N	D
D	A
M	N
A	R
P	P
R	A
N	M
D	R

21 Schreibe zu jedem Buchstaben das passende Zeichen!

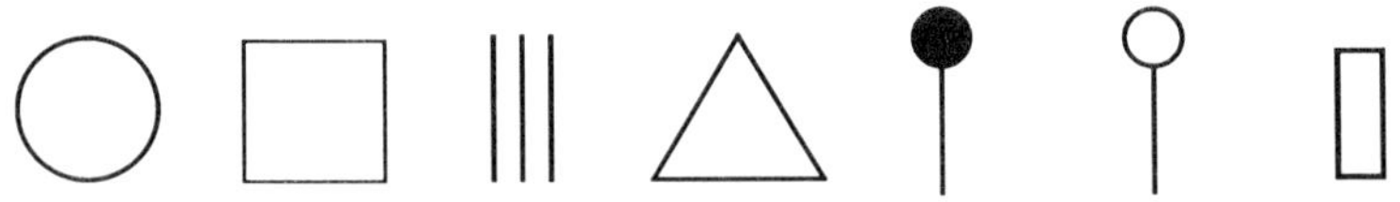

A	M	N	O	R	T	S

M	R
S	T
T	O
O	M
N	A
M	S
A	R
R	T
S	O
O	A

© VERLAG AN DER RUHR, POSTFACH 10 22 51, 45422 MÜLHEIM AN DER RUHR

KONZENTRATIONSTRAINING IM 1. UND 2. SCHULJAHR

(22) Streiche die Buchstabenreihen durch, die nicht gleich sind!

MQRS MQRS	TUV TUW	XRTS XFTS
PMOA PNOA	DVW DVW	XQPT XQFT
SDFB SDEB	EDU EDU	PUEA PUFA
DMNG DMNG	XFU XEU	XLMN XLMN

(22) Streiche die Buchstabenreihen durch, die nicht gleich sind!

ABB ABB	CBA CDA	HIK FIK
DOM DON	XYZ XYZ	HNO HON
QPR QRP	DYU DYU	XST XST
PLH PFH	BCS BKS	DMZ DMZ

© VERLAG AN DER RUHR, POSTFACH 10 22 51, 45422 MÜLHEIM AN DER RUHR

KONZENTRATIONSTRAINING IM 1. UND 2. SCHULJAHR

(22) Streiche die Zahlenreihen durch, die nicht gleich sind!

439 438	438 438	737 737
815 815	814 874	666 666
578 579	317 318	541 641
763 783	439 438	123 128

(22) Streiche die Zahlenreihen durch, die nicht gleich sind!

333 332	457 457	938 838
737 737	431 437	679 879
123 123	439 439	531 531
736 738	571 671	744 744

(23) Streiche die Zeichen durch, die nicht dazugehören!

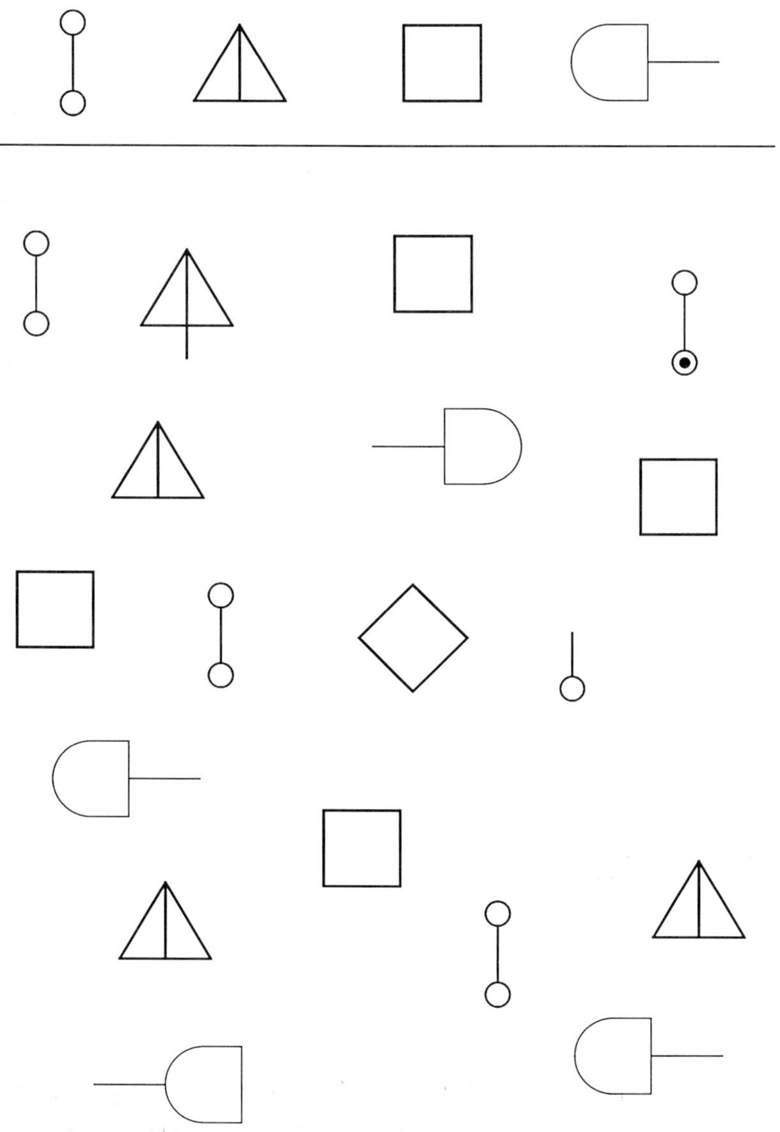

(23) Streiche die Zeichen durch, die nicht dazugehören!

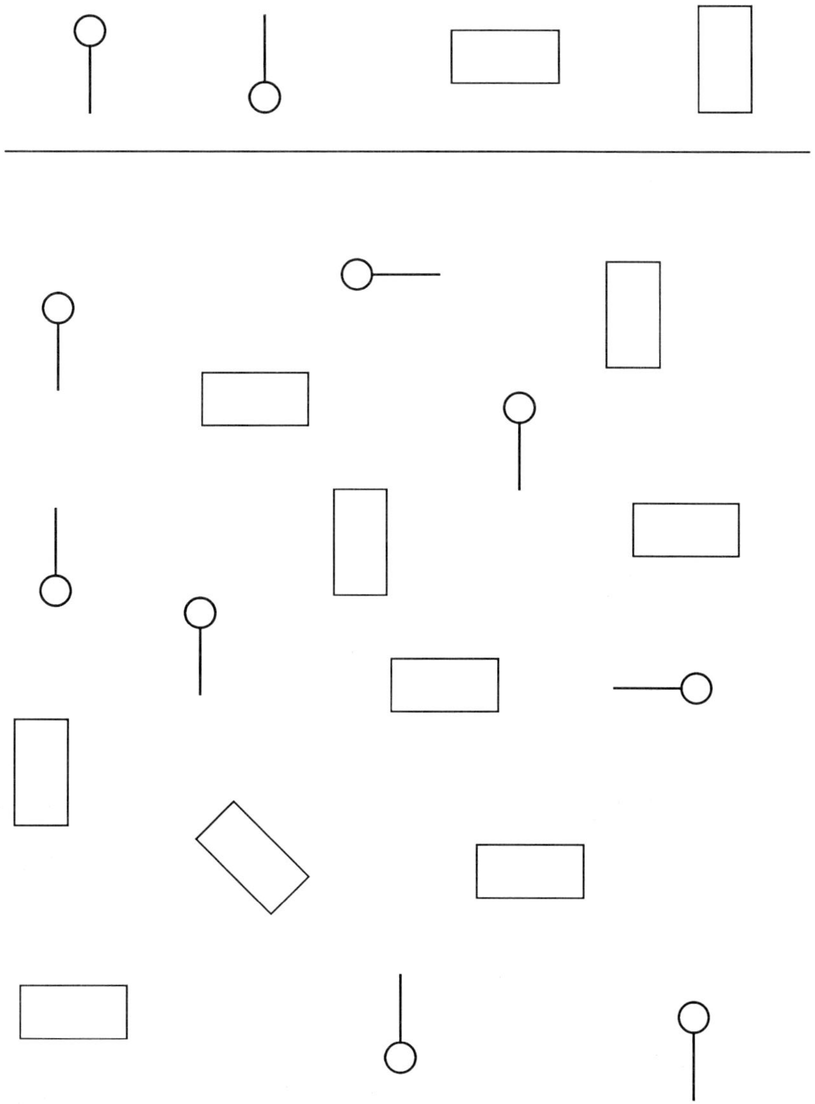

23 Streiche die Zeichen durch, die nicht dazugehören!

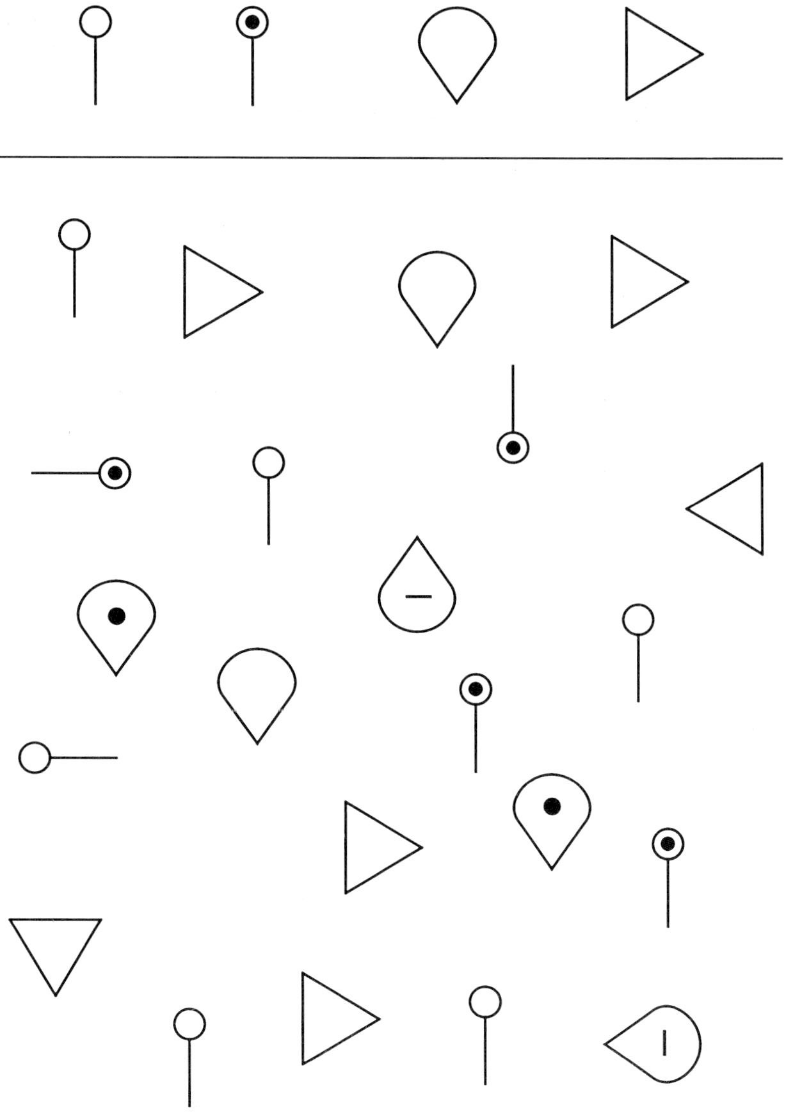

23 Streiche die Zeichen durch, die nicht dazugehören!

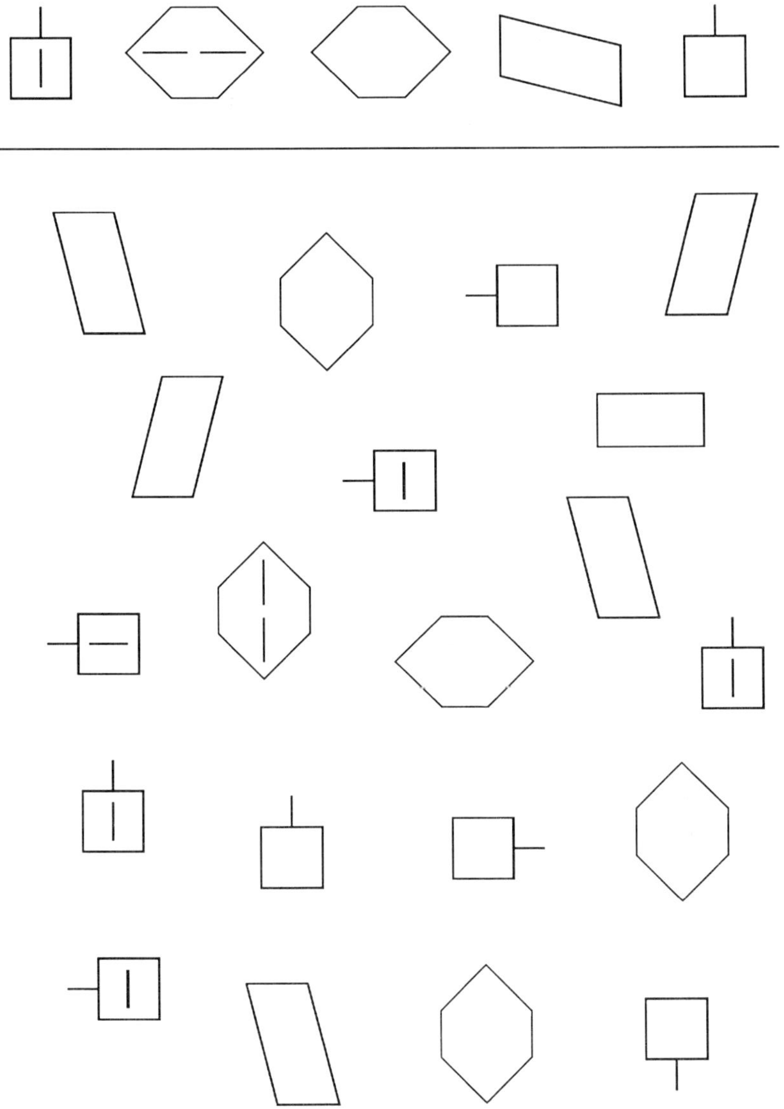

© VERLAG AN DER RUHR, POSTFACH 10 22 51, 45422 MÜLHEIM AN DER RUHR

KONZENTRATIONSTRAINING IM 1. UND 2. SCHULJAHR

23 Streiche die Zeichen durch, die nicht dazugehören!

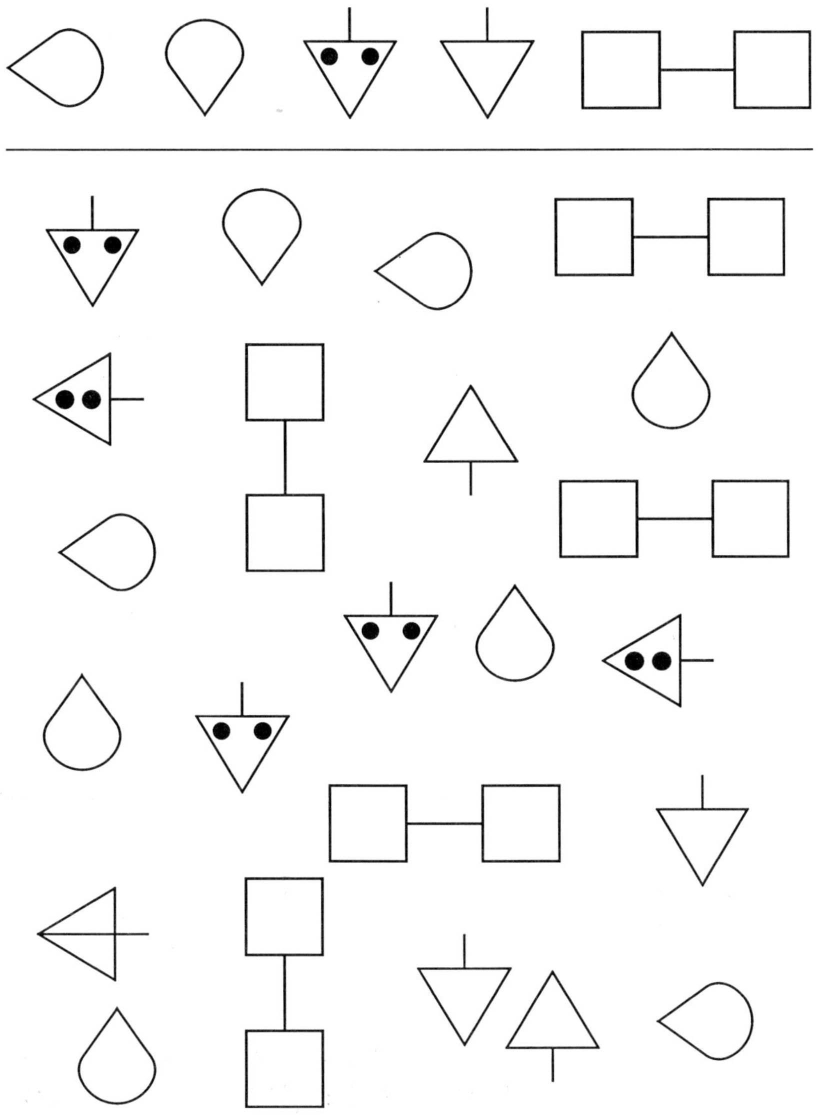

23 Streiche die Zeichen durch, die nicht dazugehören!

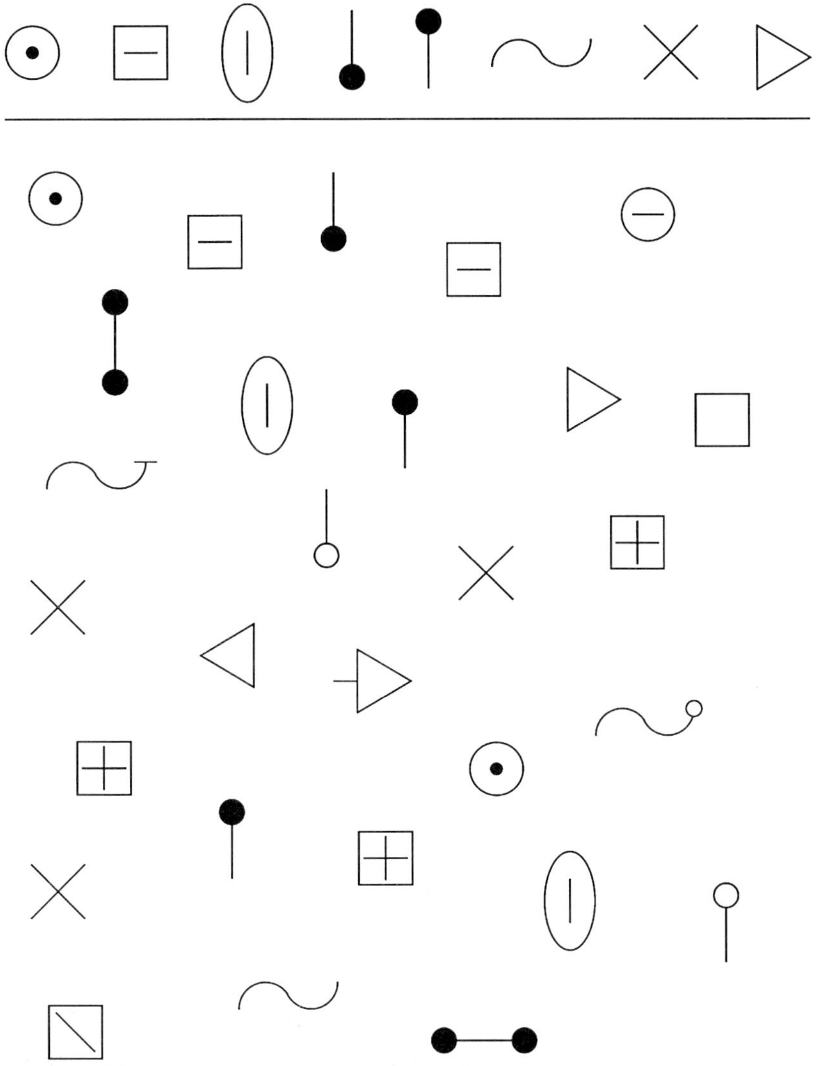

24 Verbinde das ABC!

A W K

N C

D F T G

L

B O

X

J Q

M S

Y E

H

I U R

P V Z

24 Verbinde das ABC!

T

C S K

B

R Q

G

A L

Y E

D

U H X

M

F

P

I V J

N O W

Z

© VERLAG AN DER RUHR, POSTFACH 10 22 51, 45422 MÜLHEIM AN DER RUHR

KONZENTRATIONSTRAINING IM 1. UND 2. SCHULJAHR

24 Verbinde das ABC!

E U

D

V B

Q

C F G

A W

N

I J

H

L

K S Y P

R

M O

T

X Z

24 Verbinde das ABC!

O

F

L

E

M Z

T

N

G W

H

R

S

X

Q

D I

J

B

K V

U A

P

C Y

© VERLAG AN DER RUHR, POSTFACH 10 22 51, 45422 MÜLHEIM AN DER RUHR

KONZENTRATIONSTRAINING IM 1. UND 2. SCHULJAHR

25 Welches Zeichen passt nicht zur Zahl?

0	1	2	3	4	5	6	7	8	9
⊖	⊟	○	⧄	⧅	△	▽	▷	◁	⊠

7	8	5	3	1	0	4	8	9	2
▷	◁	△	⧄	⊟	⊖	⧅	▷	⊠	○
8	7	4	2	1	0	8	5	3	2
◁	▷	⧅	○	⊟	⊖	◁	△	⧅	⊟
7	3	4	9	8	6	5	4	3	9
▷	⧄	⧅	⊠	◁	△	▽	⧅	⧄	⊠
9	8	1	4	3	9	6	8	4	7
⊠	◁	⊟	⧅	⧄	⊠	▽	◁	⊠	◁
7	3	5	2	1	9	0	5	6	8
▷	⧄	△	○	⊟	⊠	⊖	△	▽	◁
5	4	9	3	8	7	6	9	1	9
△	⧄	⊠	⧄	▷	◁	▽	⊠	⊟	⊠

25 Welches Zeichen passt nicht zur Zahl?

0	1	2	3	4	5	6	7	8	9
⊖	○	⧄	⧅	△	▽	▷	◁	⊠	⊟

3	5	8	0	1	2	7	8	3	6
⧅	▽	⊠	⦶	○	⧄	▷	⊠	⧅	▷
2	5	6	0	2	4	6	1	3	9
⧄	▽	▷	⊖	⧅	⧅	▷	○	⧅	⊟
5	9	8	7	3	2	0	9	1	4
▽	⊟	⊠	◁	⧄	⧄	⊖	⊟	○	△
3	7	9	0	1	4	3	5	6	7
⧅	◁	⊟	⊖	○	△	⧅	▽	▷	◁
9	1	7	5	3	8	4	1	0	7
⊠	○	◁	▽	⧅	⊠	△	○	⊖	▷
0	9	7	3	2	8	5	4	1	9
⊖	⊟	◁	⧄	⧅	▷	▽	△	⊟	⊟

© VERLAG AN DER RUHR, POSTFACH 10 22 51, 45422 MÜLHEIM AN DER RUHR

KONZENTRATIONSTRAINING IM 1. UND 2. SCHULJAHR

25 Welches Zeichen passt nicht zur Zahl?

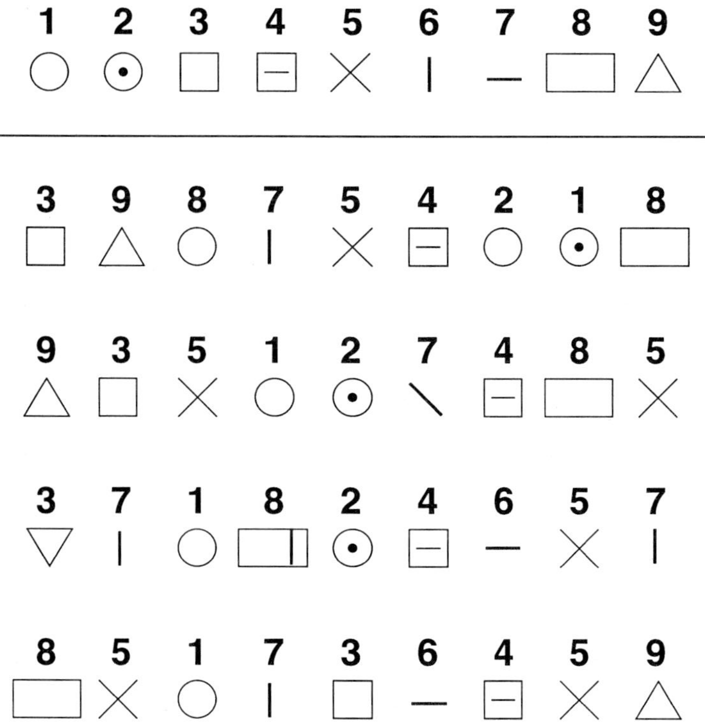

25 Welches Zeichen passt nicht zur Zahl?

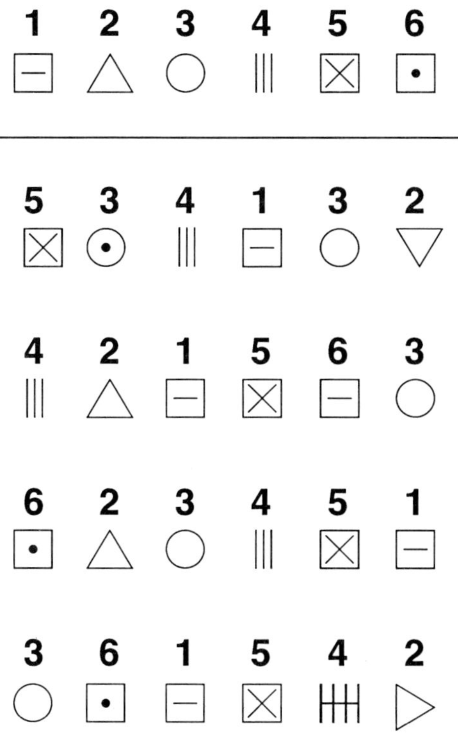

26 Zähle die Zeichen!

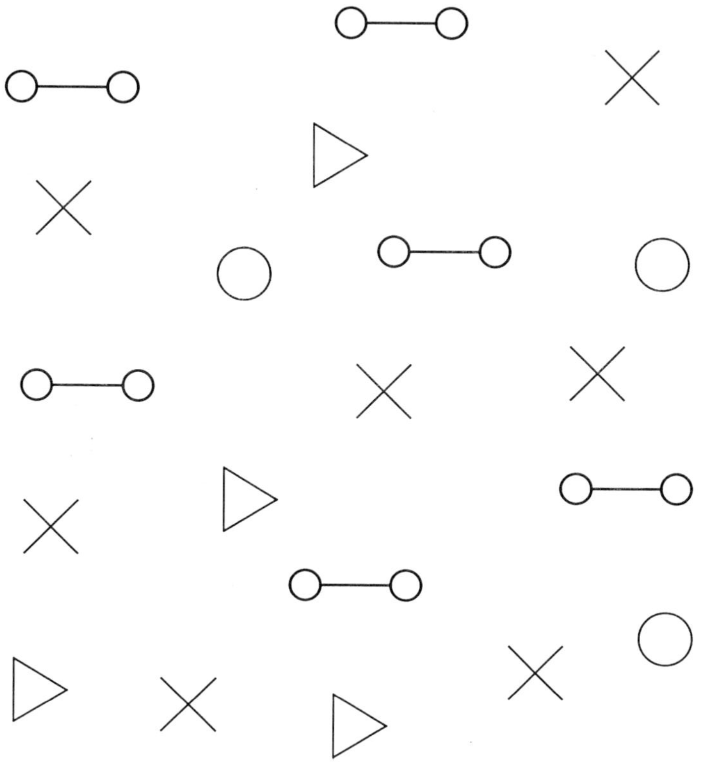

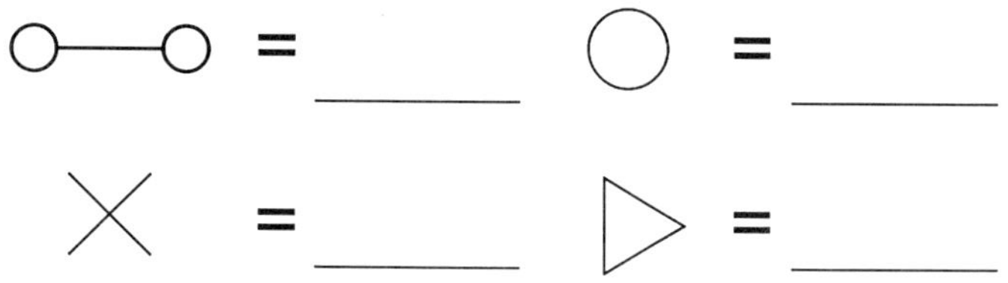

26 Zähle die Zeichen!

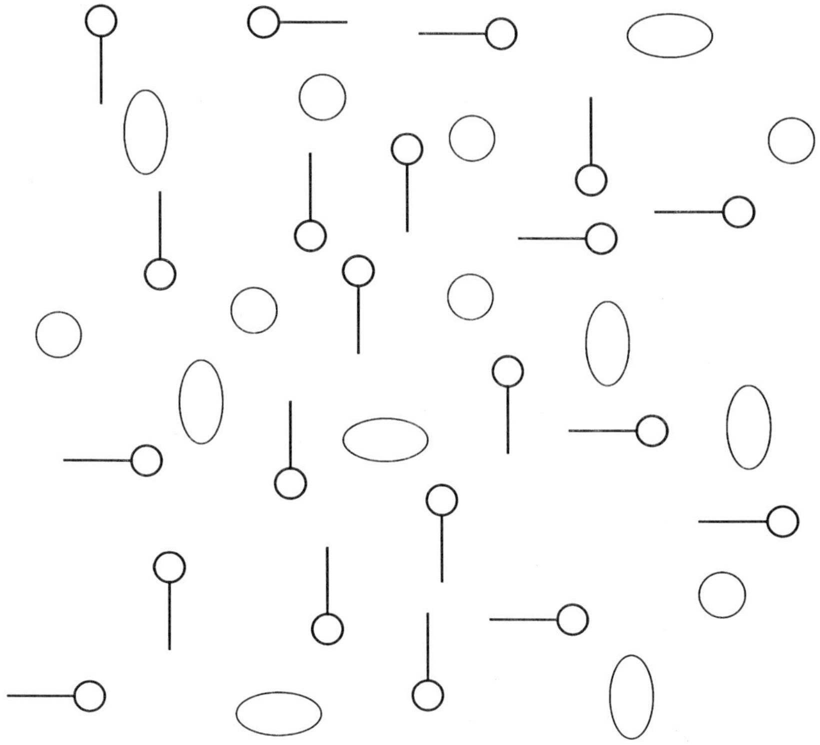

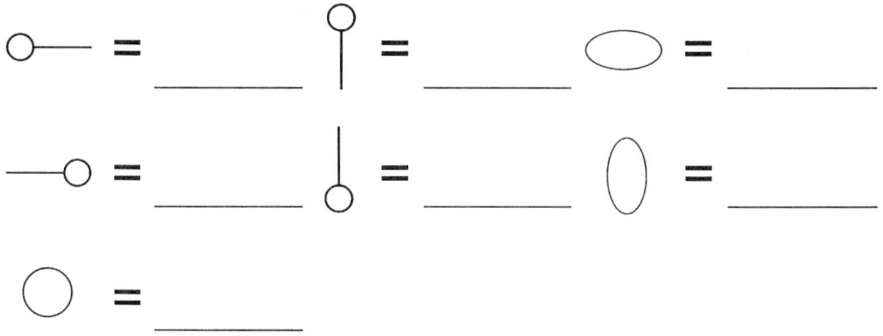

© VERLAG AN DER RUHR, POSTFACH 10 22 51, 45422 MÜLHEIM AN DER RUHR

KONZENTRATIONSTRAINING IM 1. UND 2. SCHULJAHR

(26) Zähle die Zeichen!

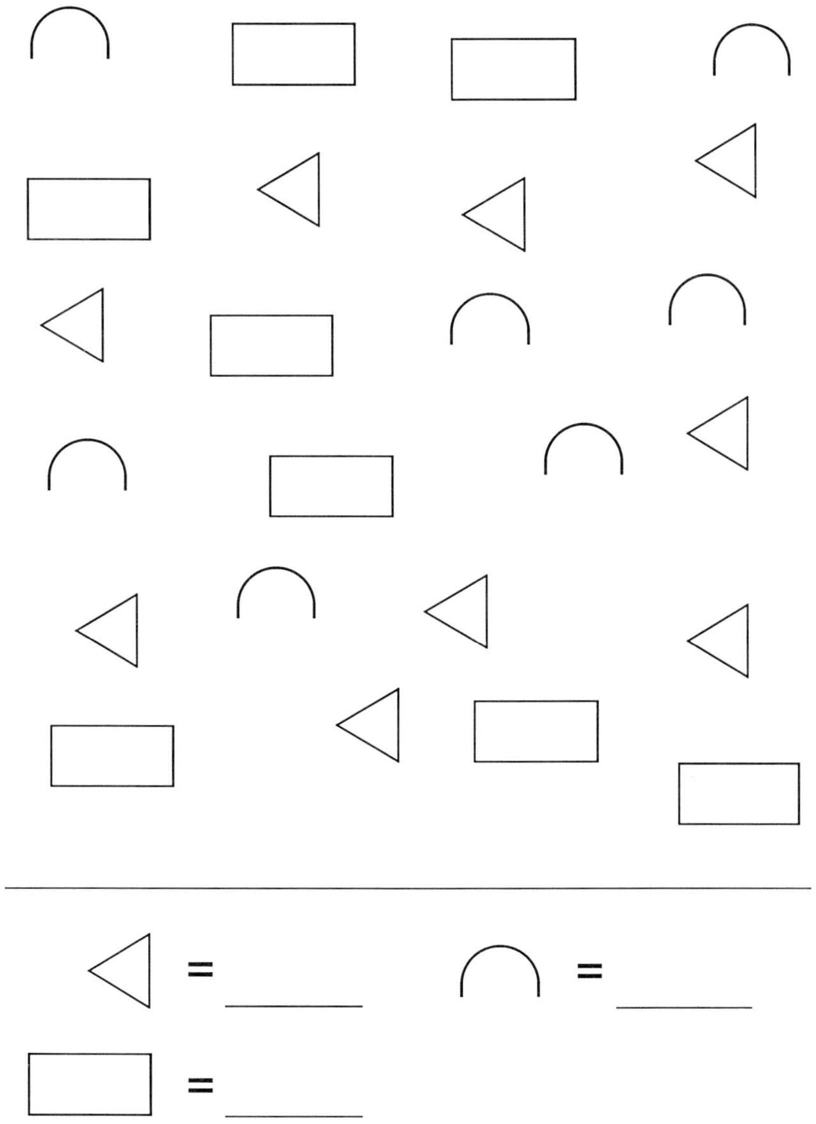

(26) Zähle die Zeichen!

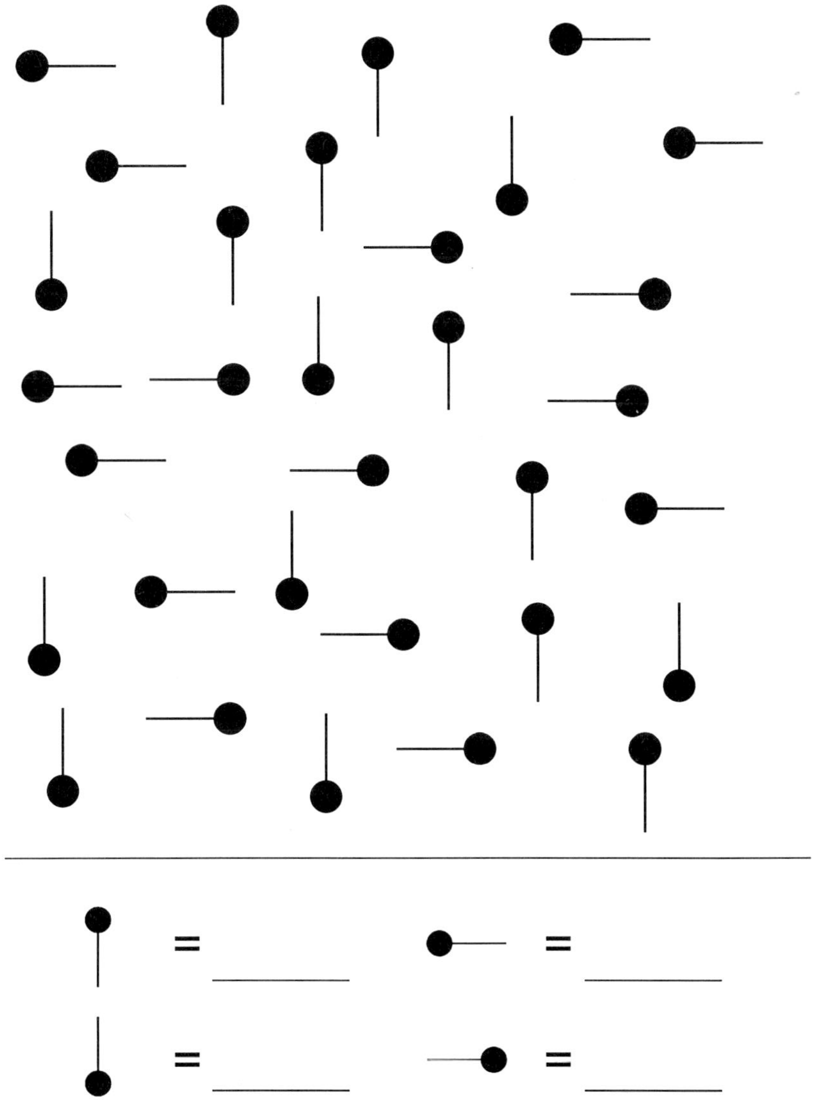

© VERLAG AN DER RUHR, POSTFACH 10 22 51, 45422 MÜLHEIM AN DER RUHR

KONZENTRATIONSTRAINING IM 1. UND 2. SCHULJAHR

26 Zähle die Zeichen!

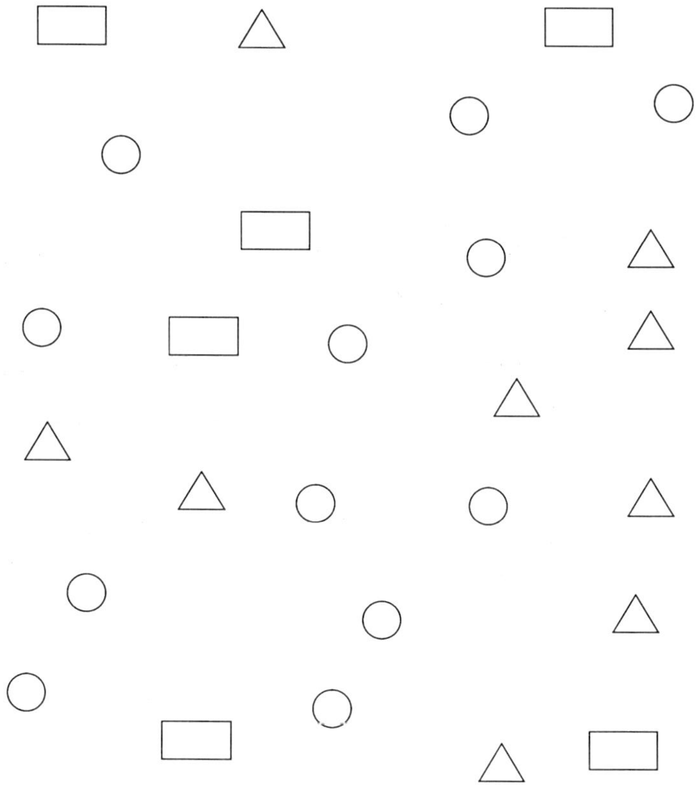

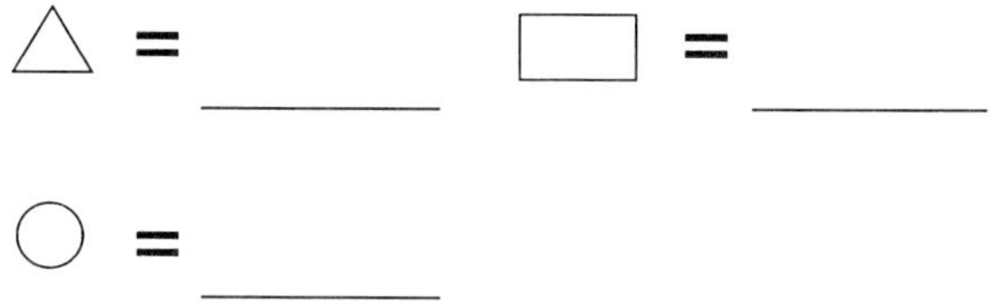

26 Zähle die Zeichen!

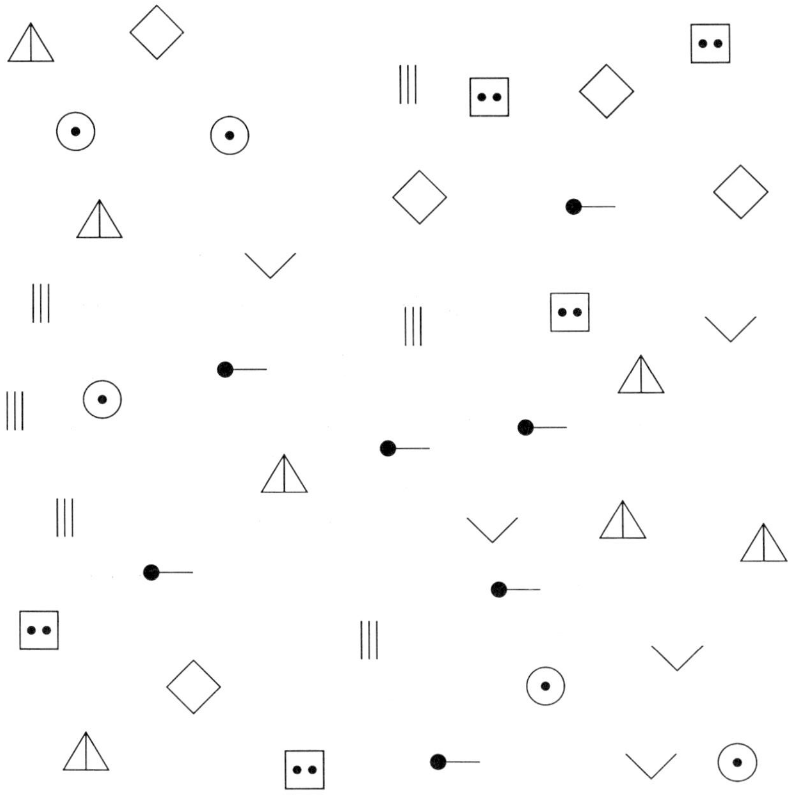

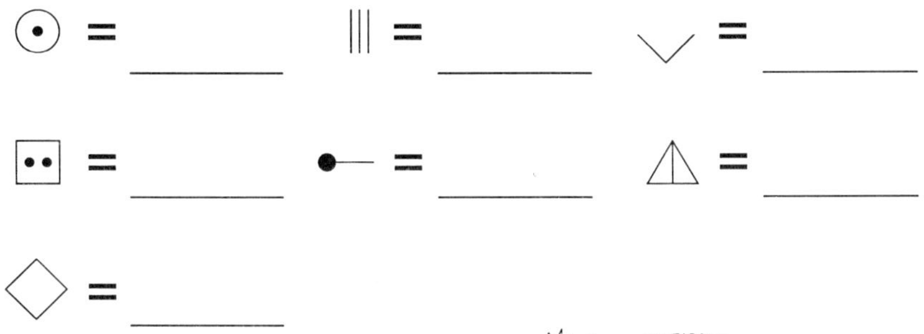

27 Kreise im ganzen Text den Buchstaben ___ grün ein!

Der Blauwal ist das größte Säugetier der Welt. Er kann bis zu 30m lang und 10.000 kg schwer werden. Sein Maul ist ständig mit Meerwasser gefüllt, das er durch hornige Fransen, die auch Barten heißen, wieder herauspresst. Von den kleinen Tierchen und Pflanzen, die in den Barten hängen bleiben, ernährt sich der Blauwal.

27 Kreise im ganzen Text den Buchstaben ___ rot ein!

Die Alligatoren, die im Mississippi in Nordamerika leben, sind die größten Kriechtiere in dieser Gegend der Erde. Weil sie so selten geworden sind, wurden sie unter Naturschutz gestellt. Sie werden bis zu 6m lang und sind sehr stark. Trotzdem greifen sie den Menschen nicht an, wenn sie sich nicht bedroht fühlen.

27 Kreise im ganzen Text den Buchstaben G/g rot ein!

Der größte Laufvogel, den es gibt, ist der Strauß. Er kann 3m groß und 140 kg schwer werden. Obwohl er ein Vogel ist, kann er nicht fliegen, da sich seine Flügel zurückgebildet haben. Dafür können Strauße sehr ausdauernd laufen. Sie halten eine halbe Stunde eine Geschwindigkeit von 50 Stundenkilometern durch.

27 Kreise im ganzen Text den Buchstaben B/b grün ein!

Der Biber ist ein Nagetier, das im Wasser lebt. Mit seinen kräftigen Zähnen nagt der Biber an Ästen und Baumstämmen. Der Zugang zu seinem Bau liegt unter der Wasseroberfläche. Weil der Biber einen sehr schönen dunkelbraunen Pelz hat, wird er schon seit vielen Jahren von Menschen gejagt. Sein Fell ist so dick, dass kein Wasser an die Haut kommt.

27 Kreise in den Texten den Buchstaben ___ grün ein!

1. Robben sind Meeressäugetiere. Sie leben in kühleren Gewässern im Süden und Norden der Erde. Sie fressen Fische, Krebse und Wasservögel. Es gibt verschiedene Arten: die Seelöwen, die Seehunde und die Walrösser mit den langen Eckzähnen.

2. Pinguine sind Vögel, die nicht fliegen, sondern schwimmen können. Sie leben auf der südlichen Erdhalbkugel. Die größten Pinguinarten, der Kaiserpinguin und der Königspinguin, leben in der Antarktis.

27 Kreise im ganzen Text den Buchstaben A/a blau ein!

Der Bison war im letzten Jahrhundert die Lebensgrundlage der Indianer. Deshalb wird er auch Indianerbüffel genannt. Die Indianer haben fast alle Körperteile des Tieres verwertet: das Fleisch, das Fell, die Hufe, die Organe. Nachdem die Weißen jedoch nach Amerika gekommen waren, begannen sie langsam, aber sicher den Bison auszurotten.

© VERLAG AN DER RUHR, POSTFACH 10 22 51, 45422 MÜLHEIM AN DER RUHR

KONZENTRATIONSTRAINING IM 1. UND 2. SCHULJAHR

(28) Wie oft kommt der Buchstabe N/n im Text vor?

Der Jaguar ist eine gefährliche Raubkatze ebenso wie der Leopard. Während der Leopard in Afrika und Südasien beheimatet ist, lebt der Jaguar in Amerika. Die beiden Raubkatzen ähneln sich, sind aber trotzdem leicht zu unterscheiden. Der Leopard hat dunkle Flecken, der Jaguar Ringe, die in der Mitte einen oder mehrere Flecken haben.

(28) Wie oft kommt der Buchstabe ___ im Text vor?

Schlangen sind Kriechtiere. Die Gift- und Riesenschlangen sind auch für den Menschen gefährlich. Riesenschlangen werden bis zu 9m lang. Sie vergiften ihre Opfer jedoch nicht, sondern erwürgen sie. Sind die Beutetiere größer als das Maul der Schlange, hängen sie ihren Unterkiefer aus und verschlingen die Beute am Stück. Danach brauchen sie je nach Größe des Tieres sehr lange bis sie es verdaut haben. In dieser Zeit fressen sie nicht.

(28) Wie oft kommt der Buchstabe E/e im Text vor?

Es gibt Arbeitsbienen, Drohnen und natürlich die Königin. Die Drohnen sind männliche Bienen, die keinen Stachel besitzen.
Die Arbeitsbienen sind jedoch weiblich, allerdings können sie keine Eier legen. Das kann nur die Königin. Die weiblichen Bienen sind zuerst Stockbienen, die den Bienenstock in Ordnung halten. Später werden sie Flugbienen, die Nektar sammeln. Sie verständigen sich in ihrer eigenen Sprache, einer Art Bienentanz. So erklären sie den anderen Bienen, wo sie ihren Nektar gesammelt haben.

(28) Wie oft kommt der Buchstabe N/n in den Texten vor?

Das Känguru ist ein Beuteltier und lebt in Australien. Wenn die Jungen geboren werden, müssen sie erst in den Beutel hineinkriechen. Dort saugen sie sich an den Zitzen des Muttertieres fest, um Milch zu trinken. Erst wenn sie groß genug sind, verlassen sie den Beutel.

Der Koala ist ebenfalls ein australisches Beuteltier. Er ernährt sich nur von den Blättern einer einzigen Eukalyptusbaumart. Er kann nur in Australien in einem Zoo gehalten werden, da es diese Eukalyptusbäume nur dort gibt.

29 Merke dir die Wortpaare!

Haus – Garten

Kind – Regenwurm

Milch – Feuer

Auto – Tasse

Dach – Blume

Hund – Lampe

29 Merke dir die Wortpaare!

Katze – Schüssel

Tee – Garage

Bonbon – Schule

Hose – laufen

Schwitzen – Papier

Kirche – lesen

(29) Merke dir die Wortpaare!

Gans	–	Käfig
Fahrrad	–	Schal
Baum	–	Teller
Kuchen	–	Kirche
Marmelade	–	Urlaub
Tür	–	Vogel
Maus	–	Heizung

(29) Merke dir die Wortpaare!

Hunger	–	Baum
Tanne	–	Straße
Krankenwagen	–	Stiefel
Tasche	–	Apfel
Hut	–	Tee
Abend	–	Regen
Ring	–	Lineal

(30) Verbinde die Wörter, die zusammengehören!

Tiger Teller

Milch

Messer Gabel Limo

Giraffe Tasse

Glas Löffel Seife

Schwein

Tee

Handtuch Katze

(30) Verbinde die Wörter, die zusammengehören!

Wörterbuch Apfel

Schulbuch

Pflaume Banane

Lackschuhe

Liederbuch

Badeschuhe

Ananas Orange Kirsche

Fußballschuhe Zitrone

Ballettschuhe

Lesebuch Schlittschuhe

© VERLAG AN DER RUHR, POSTFACH 10 22 51, 45422 MÜLHEIM AN DER RUHR

KONZENTRATIONSTRAINING IM 1. UND 2. SCHULJAHR

(30) Verbinde die Wörter, die zusammengehören!

Kugelschreiber

Himmel

Wachsmalstift

Wohnzimmer

Kinderzimmer

Sonne

Füller

Badezimmer

Küche

Sterne

Mond

(30) Verbinde die Wörter, die zusammengehören!

Birne

Elefant

Kleid

Kirsche

Tanzschuhe

Hund

Hose

Winterschuhe

Maulwurf

Hemd

Bluse

Tiger

Turnschuhe

30 Verbinde die Wörter, die zusammengehören!

Stuhl

Schrank

Sessel

Pullover

Hose

Bauklötze

Tisch

Ball

Socken

Rock

Puppe

Bett

Kleid

Jacke

Sofa

Teddy

30 Verbinde die Wörter, die zusammengehören!

Radiergummi

Bruder

Schwester

Lineal

Tante

Füller

Vater

Bleistift

Mutter

Onkel

Oma

Anspitzer

Buntstifte

Opa

(31) Zähle die Zahlen zusammen!

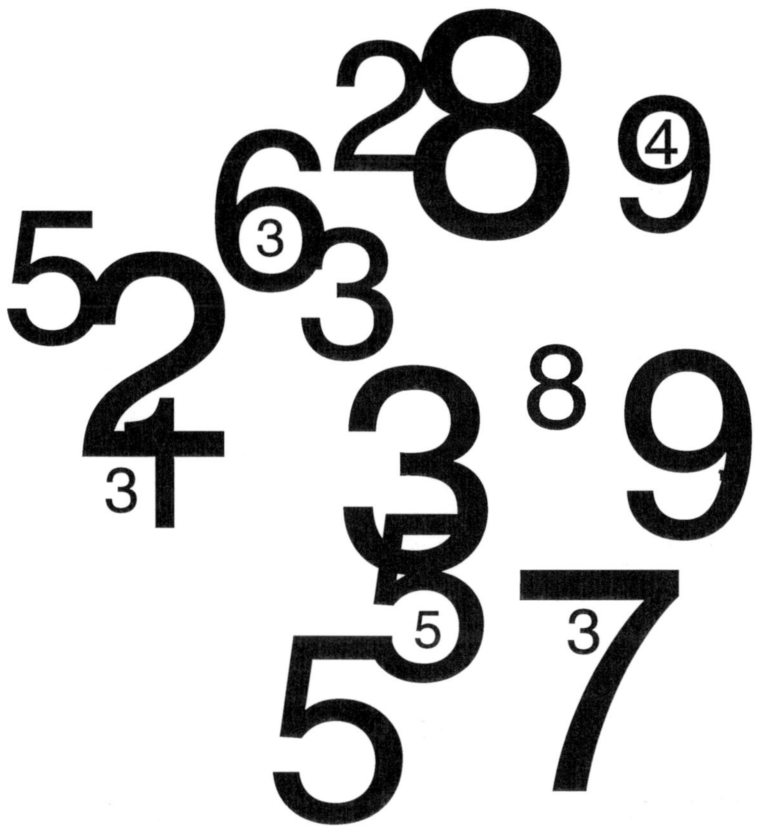

(31) Zähle die Zahlen zusammen!

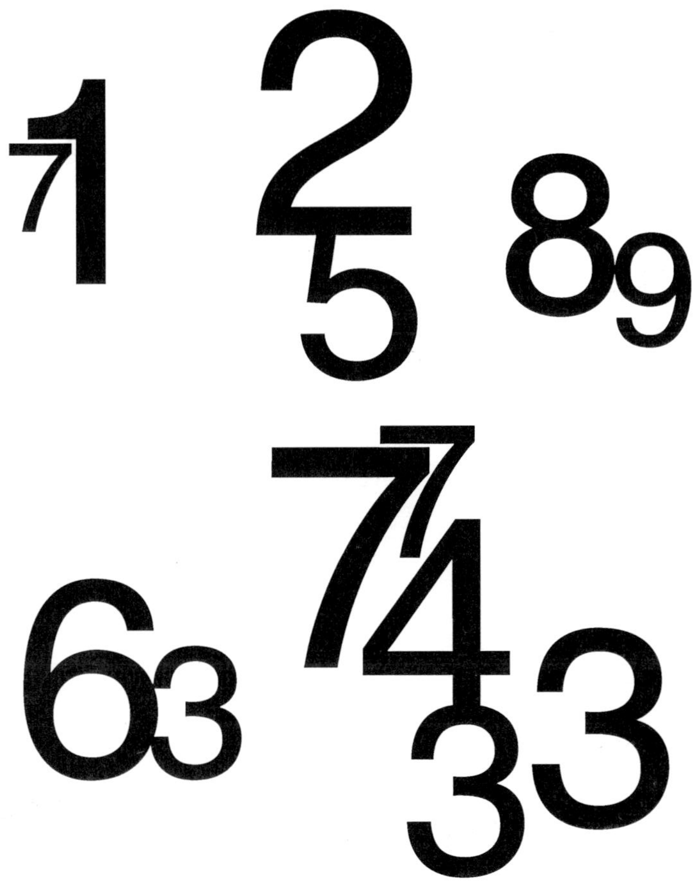

© VERLAG AN DER RUHR, POSTFACH 10 22 51, 45422 MÜLHEIM AN DER RUHR

KONZENTRATIONSTRAINING IM 1. UND 2. SCHULJAHR

31 Zähle die Zahlen zusammen!

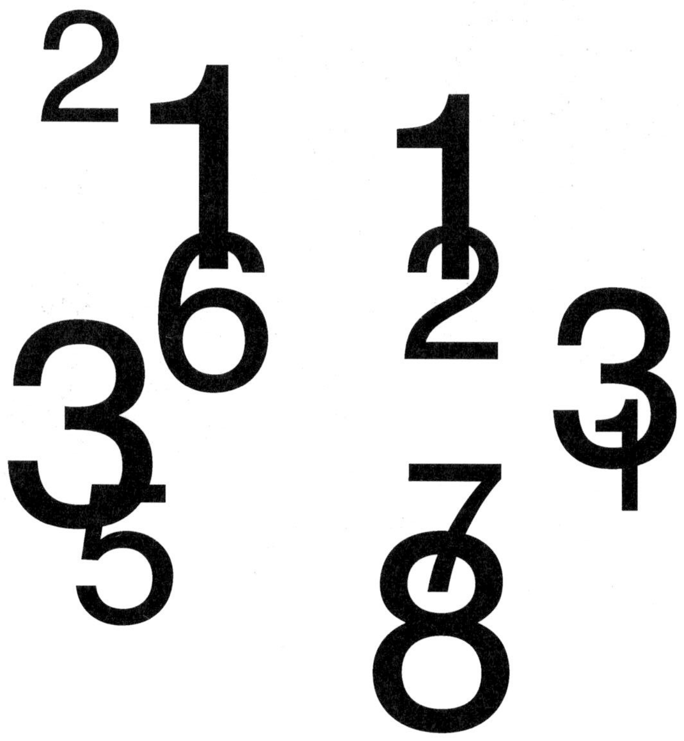

31 Zähle die Zahlen zusammen!

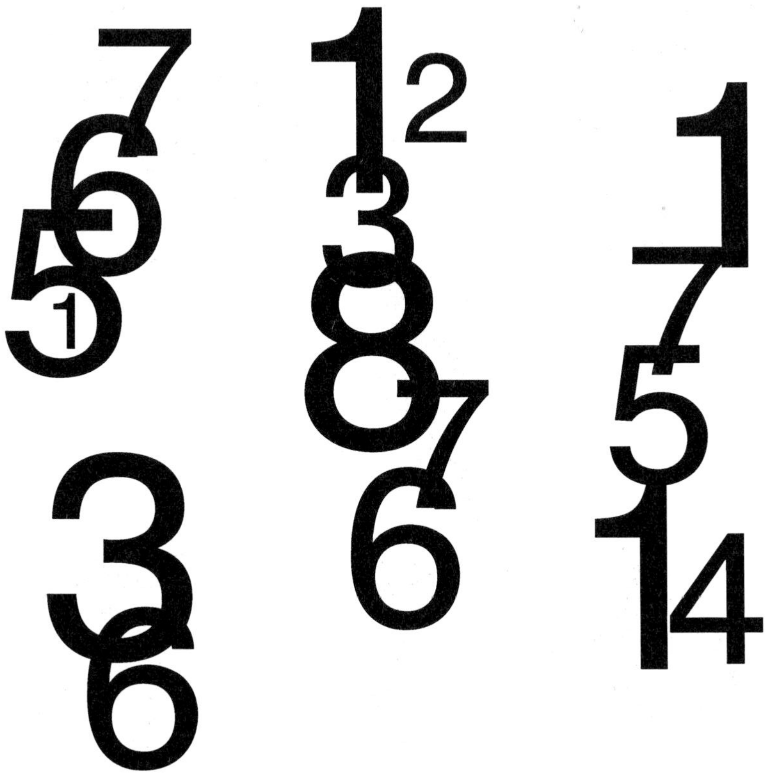

© VERLAG AN DER RUHR, POSTFACH 10 22 51, 45422 MÜLHEIM AN DER RUHR

KONZENTRATIONSTRAINING IM 1. UND 2. SCHULJAHR

(31) Zähle die Zahlen zusammen!

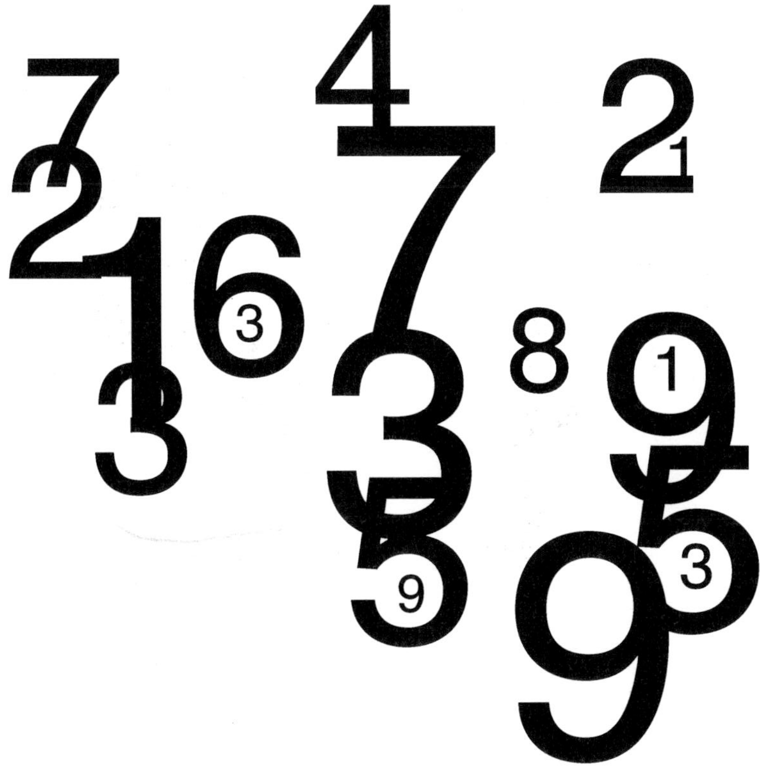

(31) Zähle die Zahlen zusammen!

© VERLAG AN DER RUHR, POSTFACH 10 22 51, 45422 MÜLHEIM AN DER RUHR

KONZENTRATIONSTRAINING IM 1. UND 2. SCHULJAHR

32 Löse die Aufgaben!

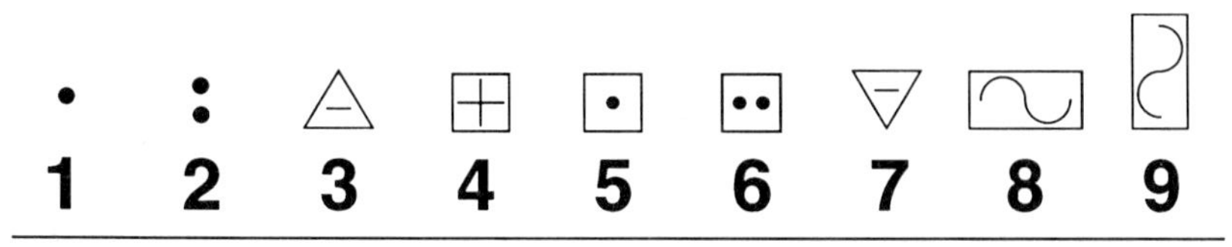

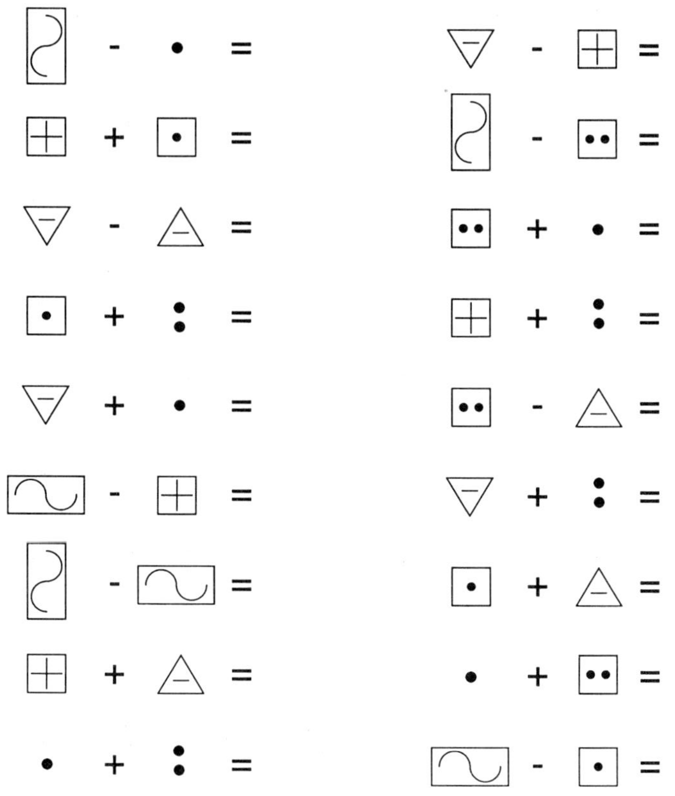

32 Löse die Aufgaben!

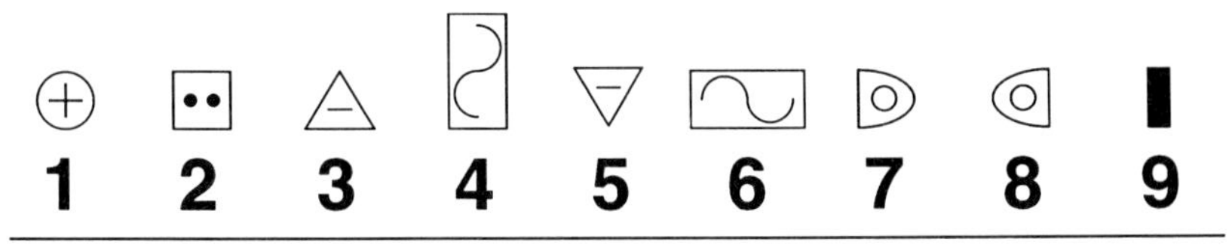

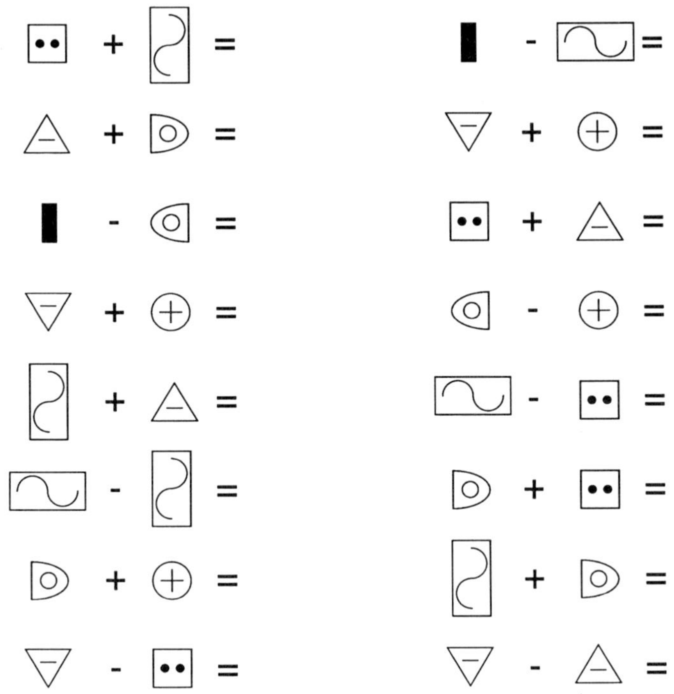

© VERLAG AN DER RUHR, POSTFACH 10 22 51, 45422 MÜLHEIM AN DER RUHR

KONZENTRATIONSTRAINING IM 1. UND 2. SCHULJAHR

(32) Löse die Aufgaben!

⊤ = 1, \ = 2, / = 3, ⦶ = 4, // = 5, ‖ = 6, ◇ = 7, ⊙ = 8, Y = 9

⊤ + // =

Y - ⦶ =

◇ - ‖ =

⊙ - / =

\ + / =

⊤ + ‖ =

Y - // =

◇ + ⊤ =

/ + // =

⦶ - ⊤ =

\ + // =

‖ + \ =

/ + // =

⊤ + ◇ =

(32) Löse die Aufgaben!

○ = 1, | = 2, ǂ = 3, ✕ = 4, ⊞ = 5, △ = 6, ▯ = 7, ● = 8, ▮ = 9

| + ǂ =

○ + ⊞ =

▮ - ✕ =

● + △ =

△ + ○ =

▯ - | =

▯ + ǂ =

✕ - ✕ =

▯ + | =

● + ○ =

▮ - ✕ =

△ - ✕ =

⊞ + ǂ =

ǂ + △ =

33 Wie lautet das Ergebnis?

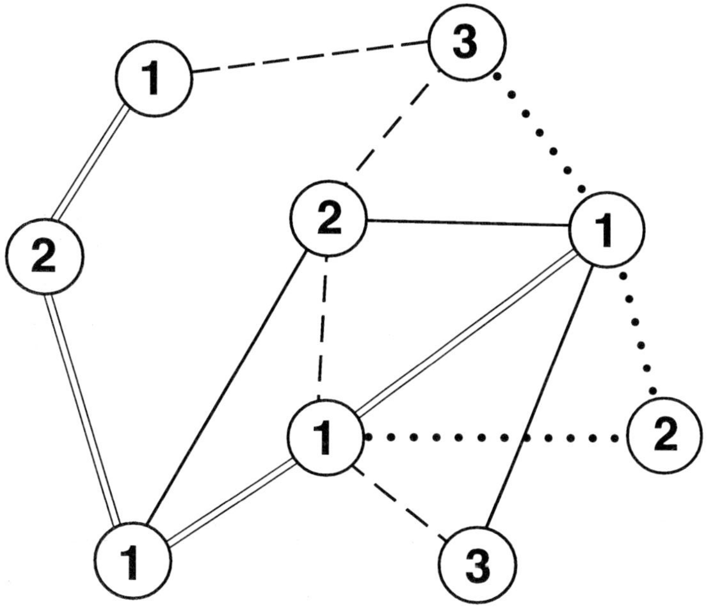

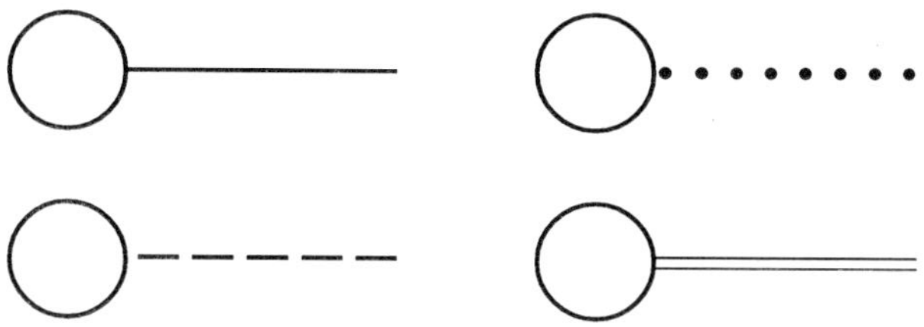

33 Wie lautet das Ergebnis?

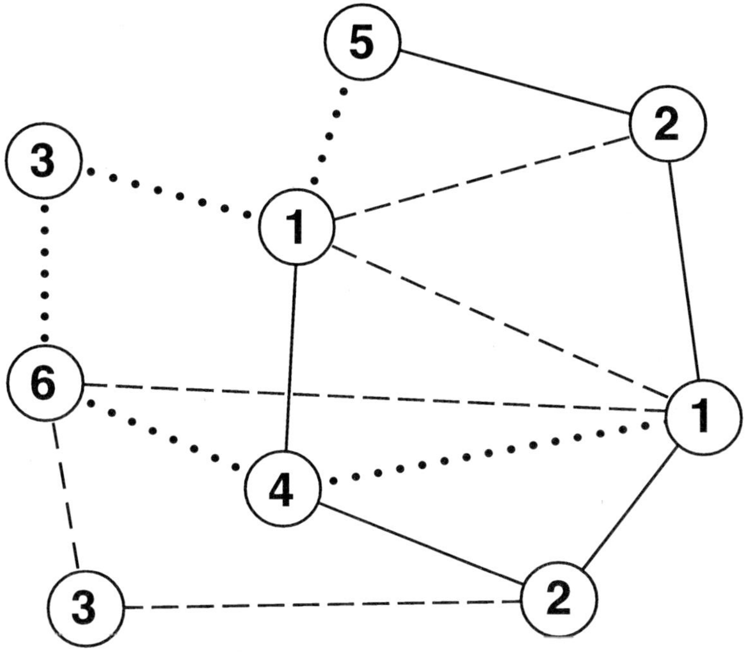

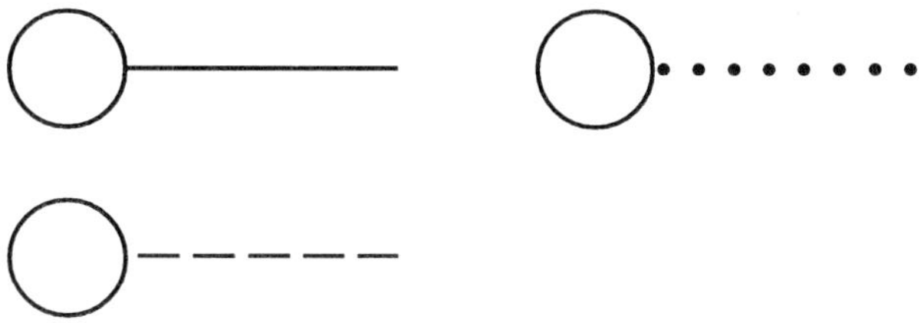

33 Wie lautet das Ergebnis?

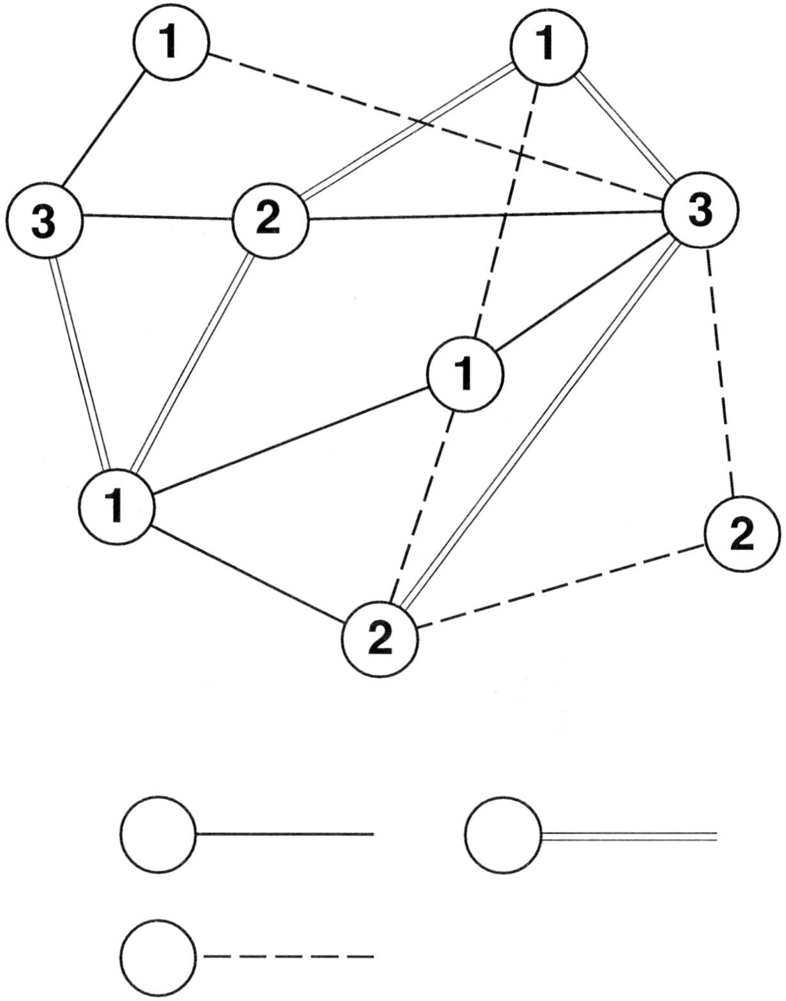

33 Wie lautet das Ergebnis?

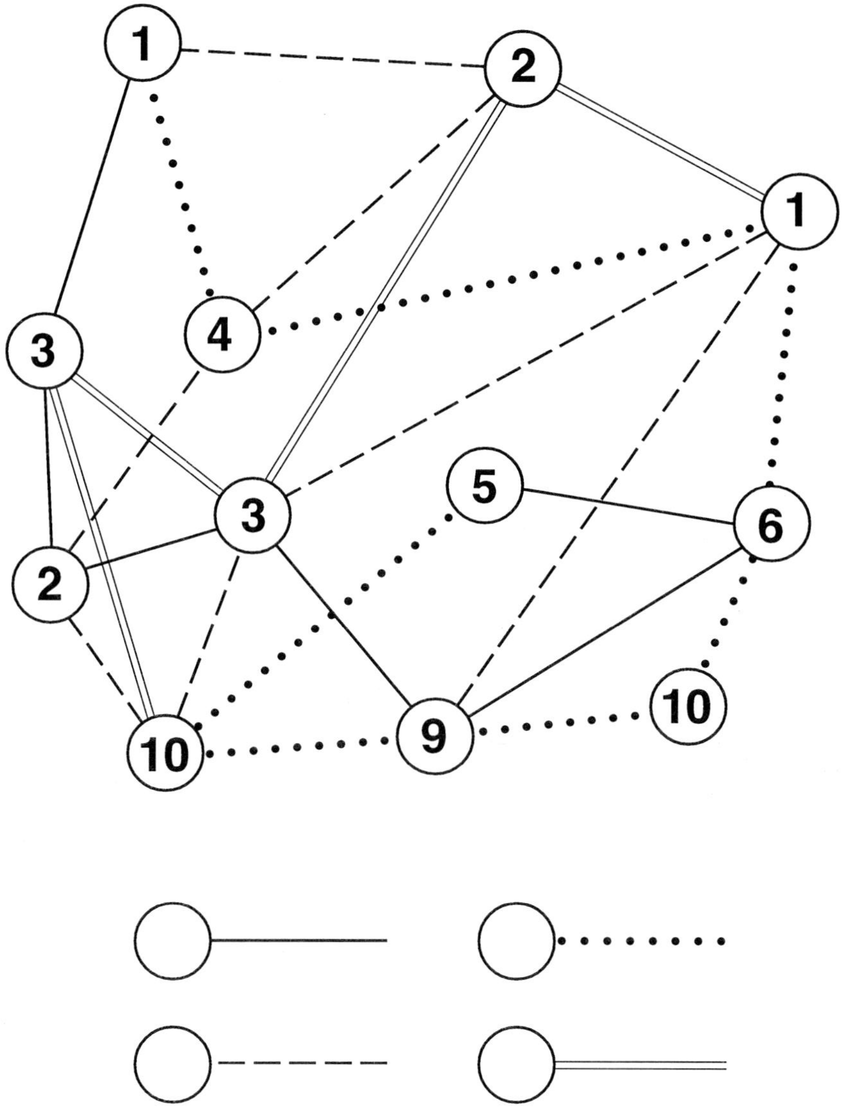

33 Wie lautet das Ergebnis?

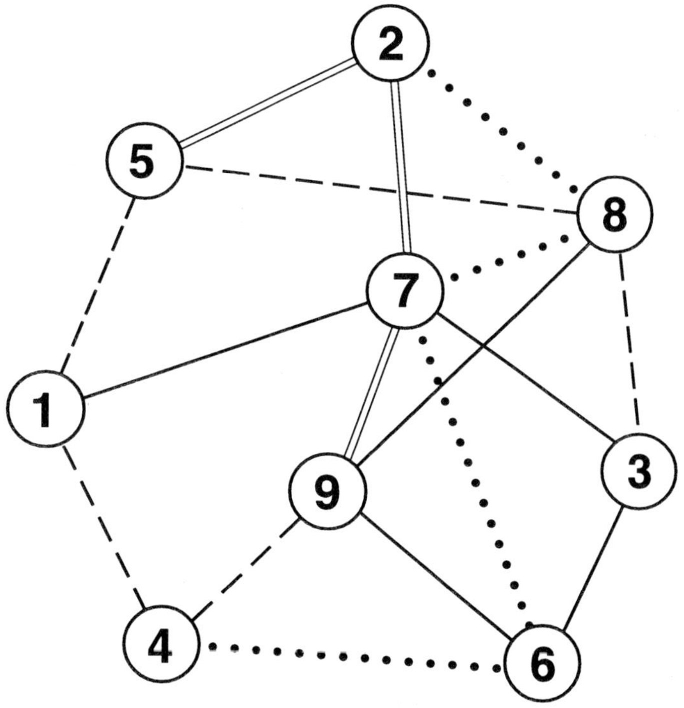

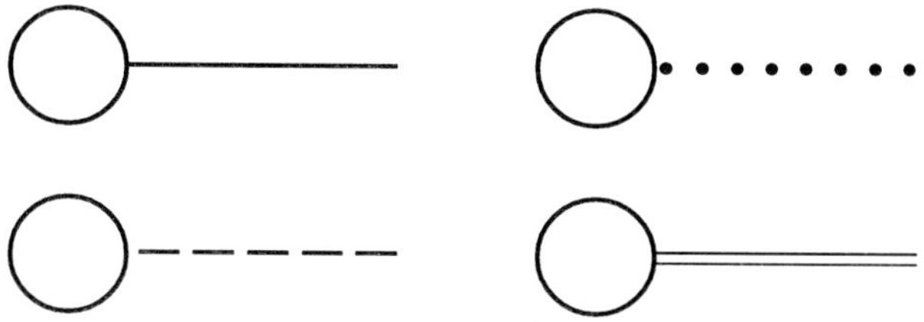

33 Wie lautet das Ergebnis?

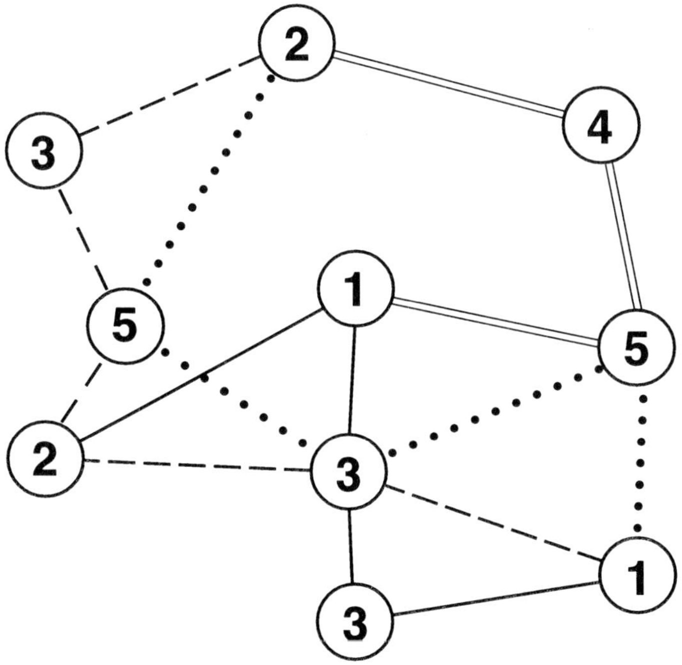

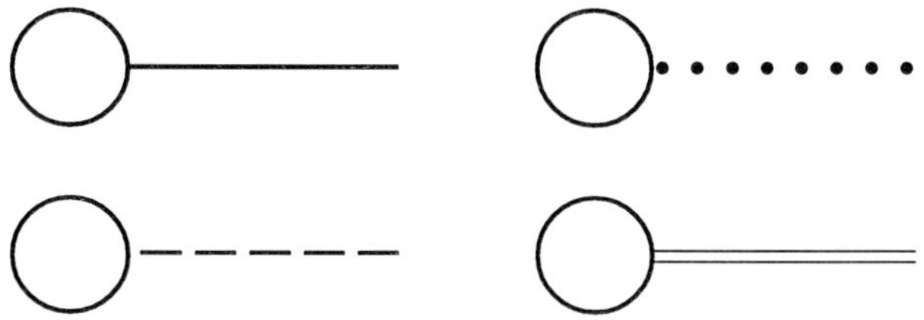

(34) Verbinde die Zahlen!

3 19

1 14

18

6

2 5

15 12

4 9

10

16 13

11 17

7 20 8

KONZENTRATIONSTRAINING IM 1. UND 2. SCHULJAHR

(34) Verbinde die Zahlen!

19

7 2 6

5 11 4

17

1 12

8 10

13

3

14

18

16

9 15 20

KONZENTRATIONSTRAINING IM 1. UND 2. SCHULJAHR

34 Verbinde die Zahlen!

1 15 5 14

2 8 3

9

19

13 4 6 16

7 20

10 11

12 17 18

34 Verbinde die Zahlen!

1 19 5 20

3 4

23

17

11

6 10 31

42

30 16 34

25 33 40

32 41 43

Konzentrationsspiele und -training für Kinder:

Bartl, Almuth: **Konzentrationsspiele. Für die Schule ab 1. Klasse**. 1998. -RAVENSBURGER BUCHVERLAG- ISBN: 3-473-41225-2

(Ensslin) **Neue Ensslin-Konzentrationsspiele**. Bd. 1 Für das 1. und 2. Schuljahr. 8. Aufl. 1999. -ENSSLIN & LAIBLIN- ISBN: 3-7709-1359-0

Ettrich, Christine: **Konzentrations-trainings-Programm für Kinder**. Bd. 2. 1. und 2. Schulklasse. 1998. -VANDENHOECK & RUPRECHT- ISBN: 3-525-45809-6

Ettrich, Christine: **Konzentrations-trainings-Programm für Kinder.** Arbeitshefte Bd. 2. 1. und 2. Schulklasse. 1998. -VANDENHOECK & RUPRECHT- ISBN: 3-525-45810-X

Montessori, Maria: **Wie Kinder zu Konzentration und Stille finden**. Hrsg. u. erl. v. Ingeborg Becker-Textor. 1998. -HERDER, FR.- ISBN: 3-451-04597-4

Raab, Dorothee: **Konzentrationsspiele für Spürnasen.** 1. Klasse. 1997 -CARLSEN- ISBN: 3-551-13394-8

Vater, H./ Vater, W.: **Konzentrationsspiele für Kinder der 2. und 3. Grundschulklasse**. 6. Aufl. 1997. -REHA-VERLAG- ISBN: 3-88239-10-4

Vater, Wolfgang: **Konzentrations-Spiele für Kinder der 1. Klasse**. 5. Aufl. 1999. -REHA-VERLAG- ISBN: 3-88239-098-0

Hintergrundinformation zu Konzentration und Aufmerksamkeit:

Barchmann, H. / Kinze, W./ Roth, N.: **Aufmerksamkeit und Konzentration im Kindesalter**. Interdisziplinäre Aspekte. 1991. -ULLSTEIN MEDICAL; VERLAG GESUNDHEIT- ISBN: 3-333-00606-5

Flick, Grad L.: **Ganz bei der Sache.** Aufmerksamkeitstraining für impulsive Kinder. 1998. -ARISTON- ISBN: 3-7205-2017-X

Geisselhart, R. R./ Burkart, C.: **Memory**. Gedächtnistraining und Konzentrationstechniken. STS-TaschenGuide. 1999. -STANDARD, PI.- ISBN: 3-86027-240-3

Lauth, G. W./ Schlottke, P. F.: **Training mit aufmerksamkeitsgestörten Kindern**. Diagnostik und Therapie. Materialien für die psychosoziale Praxis. 4. Korr. Aufl. 1999. -PSYCHOLOGIE VERLAGS UNION- ISBN: 3-621-27436-7

Rapp, Gerhard: **Aufmerksamkeit und Konzentration. Erklärungsmodelle, Störungen, Handlungsmöglichkeiten**. 1982. -KLINKHARDT- ISBN: 3-7815-0494-8

Steiner, Christine: **Mythos Konzentration**. Ratgeber für Eltern, Lehrer und Erzieher. 1999. -HPT HÖLDER-PICHLER-TEMPSKY- ISBN: 3-209-02825-7

❑ KINDER ENTSPANNEN MIT YOGA

Kleine Übungen für Grundschule und Kindergarten

Petra Proßowsky

Abschalten, die eigenen Kräfte bündeln: Die Übungen erschließen den Kindern spielerisch die Körperstellungen des Yoga. Über Sprechverse, Traumreisen und Geschichten erfahren sie verborgene Kräfte. Abgerundet wird die Sammlung durch Übungen zu Atmung und Körperwahrnehmung, durch meditative Spiele und einen Rückenspaziergang. Mit Übungen für gestresste LehrerInnen und ErzieherInnen.

Kiga/GS, 128 S., 21 x 22 cm, Pb.
ISBN 3-86072-290-5
Best.-Nr. 2290
29,80 DM/sFr/218,- öS

❑ MEDITIEREN MIT KINDERN

Stilleübungen, Phantasiereisen, Musikmeditationen, Wahrnehmungsübungen

M. Schneider, R. Schneider, D. Wolters (Illustr.)

In der Schule bieten Morgenkreis, Tagesabschluss oder Phasen zwischen dem Unterricht Anlässe, gemeinsam auf kindgemäße Weise zu meditieren. Mit den praxiserprobten Übungen, die durch Musik und Dias den stimmungsvollen Rahmen bekommen, können Sie Meditation zu einem festen Bestandteil Ihrer alltäglichen Arbeit machen. Für die schulische und außerschulische pädagogische Arbeit.

6–12 J., Set in stabiler Pappbox, Anleitungsbuch mit 88 S., zahlreiche Illustrationen, Musikkassette und 5 Dias
ISBN 3-86072-179-8
Best.-Nr. 2179
42,- DM/sFr/307,- öS

Dies ist nur ein kleiner Auszug aus unserem aktuellen Programm. Gerne senden wir Ihnen den kostenlosen Gesamtkatalog.

Verlag an der Ruhr

Postfach 10 22 51, D–45422 Mülheim/Ruhr
Alexanderstr. 54, D–45472 Mülheim/Ruhr
Tel.: 0208/49 50 40, Fax: 0208/495 0 495
Internet: www.verlagruhr.de

Sie können direkt beim Verlag an der Ruhr bestellen oder über den örtlichen Buchhandel.

❑ **Bitte senden Sie mir Ihren Katalog**
❑ **Hiermit bestelle ich die angekreuzten Titel**

Name

Anschrift

PLZ Ort

Datum Unterschrift

Konzentrationstraining 9/99

❑ AUF DIE STELLE, FERTIG, LOS!

Stellenwerte üben im Zahlenraum bis 99

Margaret Hoelter

Die Stellenwerte sind die Grundlage für das Rechnen im Dezimalsystem. Zehner, Einer, Zahlen, Ziffern. Zählen können die Kinder, sie können auch problemlos addieren und subtrahieren. Und dann ist plötzlich alles so schwierig. Was ist ein Zehner? Wie viele Einer sind ein Zehner? Eierschachteln müssen herhalten, alles verfügbare Material wird zu Zehnern gebündelt. Die Kinder brauchen möglichst vielfältige Übungen. Diese Grundlage des Rechnens müssen sie verstehen, nicht auswendig lernen. Die Arbeitsblätter zu den Stellenwerten im Zahlenraum bis 99 bauen aufeinander auf und können zusätzlich zu jedem Mathematiklehrgang eingesetzt werden. Mit dieser Vielfalt an Aufgaben verinnerlichen die Kinder das Stellenwertsystem. Nach dem Lehrgang wissen dann alle, wie viel der Stellenwert wert ist.

Ab Kl. 1, 75 S., A4, Papph.
ISBN 3-86072-437-1
Best.-Nr. 2437
36,- DM/sFr/263,- öS

❑ BEWEGEN UND ENTSPANNEN NACH MUSIK

Rhythmisierungen, Bewegung und Ausgleich in Kindergarten und Unterricht

M. Schneider, R. Schneider, D. Wolters (Illustr.)

„Setz dich gerade hin! Zappel nicht so! Wollt ihr wohl ruhig an eurem Platz bleiben?" Im schulischen Alltag des Sitzunterrichts ist das Sich-Bewegen zumeist nicht erwünscht. Aber nicht nur Fernsehkids oder hypermotorischen Kindern fällt das Sitzen in der Schule schwer – alle Kinder rebellieren gegen die unselige Allianz von Sitzen und Lernen. Gefragt sind Unterrichtsideen, die das Recht und die Lust des Kindes auf Bewegung und Ausgleich aufgreifen. „Bewegen und Entspannen nach Musik" bietet 15 erprobte und phantasievolle Fünf-Minuten-Geschichten von „Chili" und „Pepe". Die rhythmische Musik illustriert die einzelnen Themen (Im Zoo, Die Roboter, Die Weltraumreise u.v.m.), leitet die Bewegungsabläufe und sorgt für gute Laune und Ausgleich. Die Spiele sind einfach, aber wirkungsvoll und sind während des Unterrichts jederzeit einsetzbar. Geeignet für Grundschule, Kiga und zu Hause.

Kiga/GS, Set in stabiler Pappbox, Anleitungsbuch mit 56 S., zahlreiche Illustrationen und Musikkassette
ISBN 3-86072-150-X
Best.-Nr. 2150
38,- DM/sFr/277,- öS

❑ ES GEHT AUCH OHNE WORTE – SIGNALKARTEN FÜR DEN UNTERRICHT

Wolfgang Hund

Schon wieder heiser? Es ist nicht nur schlecht für Ihre Stimme, wenn Sie ständig in gesteigerter Lautstärke Anweisungen wiederholen müssen. Auch die Kinder schalten irgendwann ab und hören nicht mehr hin.
Optische Signale, wie Karten, sind beständiger. EA, PA oder GA, Stationslauf oder Arbeit in der Werkstatt? Flüstern, stilles Lesen oder Zweierreihen? Brauche ich Schere und Kleber oder kariertes Papier und einen Bleistift? Sportzeug nicht vergessen! 46 farbige Karten (20 Karten A4, 26 Karten A5) mit klaren, kindgerechten Zeichnungen ermöglichen einen sofortigen Einsatz. So schonen Sie Ihre Stimme, aber auch Ihre Nerven.

Kl. 1–4, 40 S., A4, vierfarbig, banderoliert
ISBN 3-86072-443-6
Best.-Nr. 2443
30,- DM/sFr/219,- öS

❑ ENTSPANNEN BEIM LERNEN

Ausmalbilder zu Unterrichtsthemen

Eva Bley, Christine Sikasa

Klar – Mandalas helfen beim Entspannen. Viele LehrerInnen nutzen Mandalas bereits erfolgreich im Unterricht. Doch oft haben die Motive der Mandalas nichts mit dem Thema des Unterrichts zu tun. Die Reihe Entspannen beim Lernen hilft Ihnen, Mandalas zu unterschiedlichen Themen zu finden. Ob Sie gerade an einer Igelwerkstatt arbeiten, sich mit Delfinen beschäftigen oder ein Projekt zum Thema Afrika bearbeiten – zu allen Themen gibt es passende Mandala-Motive. In jedem Heft finden Sie 28 Mandalas. Sie enthalten unterschiedlich schwierige Vorlagen. Die Mandalas motivieren zum Ausmalen und bleiben ganz nah an Ihrem aktuellen Unterrichtsthema. Die Reihe wird laufend erweitert.

Mandalas zum Thema:
BUCHSTABEN UND LAUTE

46 S., A4, Heft
ISBN 3-86072-450-9
Best.-Nr. 2450
24,80 DM/sFr/181,- öS